Hans Bethge: Nachdichtungen orientalischer Lyrik
Band I: Die chinesische Flöte

Hans Bethge

Die chinesische Flöte

YinYang Media Verlag

Nachdichtungen Chinesischer Lyrik

22. Auflage der zuerst 1907
im Insel Verlag, Leipzig, erschienenen Ausgabe

neu herausgegeben und mit einem Nachwort
versehen von Regina Berlinghof

Die Deutsche Bibliothek - CIP Einheitsaufnahme:
Ein Titeldatensatz für diesen Band ist bei der
Deutschen Bibliothek, Frankfurt am Main, erhältlich.

Copyright © 2001-2014 YinYang Media Verlag,
Kelkheim
Satz und Layout: Regina Berlinghof
Druck: buch bücher dd ag, Frensdorf (Bayern)

Das Titelblatt der Erstauflage von 1907

HANS BETHGE ‿ DIE
CHINESISCHE FLÖTE

LEIPZIG ‿ IM INSELVERLAG
MDCCCCVII

Der Trinker im Frühling

Nach dem Chinesischen des Li-Tai-Po

von Hans Bethge

Wenn nur ein Traum das Dasein ist,
Warum denn Müh und Plag?
Ich trinke, bis ich nicht mehr kann,
Den ganzen lieben Tag.

Und wenn ich nicht mehr trinken kann,
Weil Leib und Kehle voll,
So tauml' ich hin vor meiner Tür
Und schlafe wundervoll!

Was hör ich beim Erwachen? Horch,
Ein Vogel singt im Baum.
Ich frag ihn, ob schon Frühling sei, —
Mir ist als wie im Traum.

Der Vogel zwitschert, ja, der Lenz
Sei kommen über Nacht,
Ich seufze tief ergriffen auf,
Der Vogel singt und lacht.

Ich fülle mir den Becher neu
Und leer' ihn bis zum Grund
Und singe, bis der Mond erglänzt
Am schwarzen Himmelsrund.

Und wenn ich nicht mehr singen kann,
So schlaf ich wieder ein
Was geht denn mich der Frühling an!
Laßt mich betrunken sein!

GIKA EKLUND
ZUM GEDÄCHTNIS

DIE CHINESISCHE FLÖTE
NACHDICHTUNGEN
CHINESISCHER
LYRIK

VEREINSAMT

AUS DEM SCHI-KING

Er ist von den Erlesenen der stärkste,
Er ist der tapferste von allen Kriegern,
Der Vielgeliebte, dem mein Herz gehört!

Wie stolz trägt er die Lanze, hoch zu Pferde
In seines Königs Vorhut! Aber wehe!
Er mußte fern gen Osten in den Krieg.

Ich lasse meine Haare niederhängen,
Es macht mir keine Freude, sie zu pflegen,
Ich gebe sie dem Spiel des Windes preis.

Ich habe viele köstliche Essenzen
Und Edelsteine und gestickte Bänder, –
Doch mich zu schmücken trag ich keine Lust.

Denn Er ist fern! Ha! Wie die goldne Sonne
Mir weh tut, samt den purpurfarbnen Wolken,
Die so voll Glanz am hellen Himmel stehn!

Ich möchte lieber, daß ein rauher Regen
Herniederrauscht, indessen meine Seele
Sich ganz versenkt in ihren dumpfen Schmerz.

Ich weiß es wohl, wo man die Blume findet,
Die wundertätige, die Vergessen spendet. –
Sie wächst nach Norden hin bei unserm Haus.

Von meinen Händen wird sie nicht gebrochen,
Denn ich will nimmer-, nimmermehr vergessen,
Tobt auch Verzweiflung wild durch mein Gemüt.

Ich liebe die Verzweiflung, die mich tötet,
Denn sie verbindet mich dem strahlend Schönen,
Dem Vielgeliebten, dem mein Herz gehört!

RACHE

„Weh!" lallte sie. „Hörst du den Hahn, der ruft?"

‚Nein,' sprach er, ‚nein, die Nacht ist schwarz
und tief,
Das war des Hahnes Stimme nicht, Geliebte . . .'

„Ich fleh dich an, steh auf, zieh die Gardinen
Beiseit und frag den Himmel, süßer Freund!"

Er sprang empor: ‚Weh uns! Der Morgenstern
Steigt schon am Horizonte bleich herauf . . . !'

„Die Morgenröte –," flüsterte sie bang,
„Nun mußt du fort! Wie soll ich das ertragen?
Ha! Eh du gehst, nimm Rache an dem Unhold,
Der uns so grausam auseinanderreißt!

Nimm deinen Bogen, schieße diesen Pfeil
Dem Hahn ins Herz!"

DES MÄDCHENS KLAGE

AUS DEM SCHI-KING

Freund, ich beschwöre dich, komm nicht durch
unser Dorf,
Besteige nicht den Weidenbaum, der unter meinen
Händen gedeiht! Ich darf dir ja mein Herz nicht
schenken,
Ich muß mich beugen meiner Eltern Machtgebot.
O du! Es drängt mich, deine Liebe zu erfahren,
Aber den vorwurfsvollen Worten meiner Eltern
Muß ich mich beugen, Freund, in Ehrfurcht und
in Scheu.

Freund, ich beschwöre dich, besteige nicht die
Mauer
Unseres Hofes! Brich die jungen Blätter nicht
Des Maulbeerbaums, den meine Hände einst
gepflanzt!
Ich darf dir ja mein Herz nicht schenken! Dem
Verlangen
Der ältern Brüder muß ich folgen. Demutvoll
Muß ich gehorchen ihrem unglückseligen Rat.

Freund, ich beschwöre dich, durchbrich das Gitter
nicht
Und reiße meinen lieben Sandelbaum nicht nieder!

Ich darf dir ja mein Herz nicht schenken! Wehe
mir!
Der Menschen Lästerzungen sind gemein und
niedrig, –
Wie gern wollt ich von Dir geliebt sein, süßer
Freund,
Doch fürchte ich der Menschen Zungen wie den
Tod!

Freund, ich beschwöre dich, vergiß mich armes
Weib!

DAS LOS DES MENSCHEN

KHONG-FU-TSE (KONFUZIUS)

Der Glut des Sommers folgt des Herbstes Kühle,
Dem Schneefeld folgt des Lenzes Blumenbeet;
Die Sonne hebt sich rosig in der Frühe,
Und rosig ist ihr Bildnis, wenn sie geht.

Die Bäche drängen in das Meer. Die Zeiten
Erneuen sich. Mit jedem Tagbeginn
Glänzt neu das Sonnenlicht, und unaufhörlich
Treibt neues Wasser durch die Ströme hin.

Der Mensch lebt einmal, – nimmer kehrt er wieder,
Sein Dasein ist ein Lufthauch, der zerfließt;
Die Summe seines Lebens ist ein armer,
Verfallener Hügel, darauf Unkraut sprießt.

HERBST

KAISER WU-TY

Der Herbstwind tobt, die weißen Wolken jagen
Mit Schwärmen wilder Gänse um die Wette,
Vergilbte Blätter taumeln durch die Luft.

Die Lotosblumen welken ab, die Rosen
Stehn ohne Duft. Mich martert die Erinnerung
An Eine, die ich nicht vergessen kann.

Ich muß sie wiedersehn! Ich mache eilig
Das Boot los, um in ihm das andre Ufer
Des Flusses zu erreichen, wo sie wohnt.

Der Strom geht stark, das Wasser rauscht wie Seide
Und quillt empor und kräuselt sich im Winde, –
Trotz aller Mühe komm ich nicht vom Fleck.

Mir Mut zu machen, heb ich an zu singen,
Doch wehe! meine Schwäche bleibt dieselbe,
Und traurig und in Qualen stirbt mein Lied.

O Liebesglut! Du drängst zu ihr hinüber,
Die mich erfüllt, – ich aber kann nicht folgen,
Ich bin im Herbste, meine Kraft ist aus.

Der Herbst des Lebens weht durch meine Tage, –
Ich sehe in die Strömung und erblicke
Ein Greisenbild erzitternd unter mir.

DIE GATTIN

MEI-SCHENG

Am Ufer dehnt sich heller grüner Rasen,
Und junge Weiden nicken in die Flut.
Das Fenster öffnet sich. In strahlendem
Gewand erscheint die allerschönste Frau
Und blickt tiefatmend in das klare Wasser.
Wie ihre Wangen glühn! Wie ihre Arme
Weiß aus der Seide des Gewandes schimmern!
Ja, sie ist herrlich! Einstmals jubelte
Das Volk ihr zu, da sie als Sängerin
Die Herzen sich der ganzen Welt gewann.
Nun ist sie eines reichen Mannes Gattin
Und trauert, daß sie nicht mehr singen darf.

Hat man ein Kleinod, soll mans gut verwahren.
Herr Gatte, Euer Kleinod hat zwei Füße:
Gebt acht, daß Euch das Kleinod nicht entwischt!

DIE HERRLICHE

GEDICHT EINES FAHRENDEN

Du bist wie eine Zauberin! Die Schritte,
Die deine schlanken Lenden tun, verwirren;
Der Maulbeerbaum umkost dich, dem du nahst.

Pflückst du dir Blumen, fliegen sie beseligt
In deine Hände. Fällt dein Ärmel rückwärts,
So seh ich einen Arm, der himmlisch ist.

Zwei goldne Reifen gehn um deine Knöchel,
In deinem Gürtel prangen blaue Steine,
Ein kleiner goldner Vogel schmückt dein Haar.

Um deinen Hals, der glatter ist als Jade,
Flirrt eine Kette großer, echter Perlen,
Die eine Spange von Korallen schließt.

Wenn sich der Wind in deinen Kleidern fängt,
So bauschen deine Kleider sich wie Wolken,
Darin die Götter durch den Himmel ziehn.

Siehst du mich an, so glüh ich wie die Hölle;
Streift mich ein Hauch von deinen roten Lippen,
So atme ich den Duft der Blume Lan.

12

Begegnet dir ein Reiter vor den Toren,
So hemmt er seines Rosses wilde Hufe,
Ihm ist, als ob ein holdes Traumbild naht.

Sieht dich ein Hungriger am Straßenrande,
So blickt er auf und läßt die Mahlzeit ruhen
Und staunt dich an und weiß nicht, daß ihn
                                    hungert . . .

DER GATTE RÜSTET SICH ZUM KAMPF

UNBEKANNTER DICHTER

Auf, du mein Weib, steck deine lange Nadel
In deiner Arbeit purpurroter Seide
Und schleppe meine Waffen mir herbei!

Du selber kreuze über meinen Hüften
Die beiden langen Schwerter, daß die Griffe
Aufragen über meine Schultern, groß und schwer.

Da ich mit Stolz an meiner Lanze lehne,
Die lachend, mit der Spitze von Metall,
Den Feinden fürchterliche Wunden schlägt,

Seh ich bewegten Sinns dich vor mir knien!
Jetzt häng an meinen Gurt den schlanken Bogen,
Bald sollen tausend Pfeile ihm entschwirren

Und sollen in der Luft die schönste Bahn
Beschreiben, um sich zischend einzubohren
In der Besiegten blutzerfetztes Fleisch.

Jetzt aber zittre! – Zittre und entflieh!
Dies ist der fürchterliche Blick, mit dem ich
Im Kampfe meinem Feind begegnen werde!

DIE EINSAME

WANG-SENG-YU

An dunkelblauem Himmel steht der Mond.
Ich habe meine Lampe ausgelöscht, –
Schwer von Gedanken ist mein einsam Herz.

Ich weine, weine; meine armen Tränen
Rinnen so heiß und bitter von den Wangen,
Weil du so fern bist meiner großen Sehnsucht,
Weil du es nie begreifen wirst,
Wie weh mir ist, wenn ich nicht bei dir bin.

EIN JUNGER DICHTER DENKT AN DIE GELIEBTE

SAO-HAN

Der Mond steigt aufwärts, ein verliebter Träumer,
Um auszuruhen in dem Blau der Nacht.

Ein feiner Windhauch küßt den blanken Spiegel
Des Teiches, der melodisch sich bewegt.

O holder Klang, wenn sich zwei Dinge einen,
Die um sich zu vereinen sind geschaffen.

Ach, was sich zu vereinen ist geschaffen,
Vereint sich selten auf der dunkeln Erde!

DIE RATTE

SAO-HAN

Ratte in meinem Hirn! Du fürchterliches
Geschöpf! Zernage nicht mein junges Hirn,
Grausames Tier, zerstöre mich nicht ganz!

Drei Jahre lang ertrag ich nun die Qual,
Das Wüten deiner Zähne läßt nicht nach,
Umsonst sind meine Bitten und mein Flehn.

Ich möchte fliehn! O wüßte ich ein Land,
Ein seliges Land, wo ich mein Haus von neuem
Errichten dürfte, ohne daß du folgst!

Wüßt ich ein Land, wo ich den Frieden fände,
Wo diese Marter weicht aus meinem Hirne,
Wo mein Gewissen endlich ruhen darf!

IN ERWARTUNG DES FREUNDES

MONG-KAO-JEN

Die Sonne scheidet hinter dem Gebirg,
In alle Täler steigt der Abend nieder
Mit seinen Schatten, die voll Kühlung sind.

O sieh, wie eine Silberbarke schwebt
Der Mond herauf hinter den dunkeln Fichten,
Ich spüre eines feinen Windes Wehn.

Der Bach singt voller Wohllaut durch das Dunkel
Von Ruh und Schlaf . . . Die arbeitsamen Menschen
Gehn heimwärts, voller Sehnsucht nach dem Schlaf.

Die Vögel hocken müde in den Zweigen,
Die Welt schläft ein . . . Ich stehe hier und harre
Des Freundes, der zu kommen mir versprach.

Ich sehne mich, o Freund, an deiner Seite
Die Schönheit dieses Abends zu genießen, –
Wo bleibst du nur? Du läßt mich lang allein!

Ich wandle auf und nieder mit der Laute
Auf Wegen, die von weichem Grase schwellen, –
O kämst du, kämst du, ungetreuer Freund!

DER ABSCHIED DES FREUNDES

WANG-WEI

Ich stieg vom Pferd und reichte ihm den Trunk
Des Abschieds dar. Ich fragte ihn, wohin
Und auch warum er reisen wolle. Er
Sprach mit umflorter Stimme: Du mein Freund,
Mir war das Glück in dieser Welt nicht hold.

Wohin ich geh? Ich wandre in die Berge,
Ich suche Ruhe für mein einsam Herz.
Ich werde nie mehr in die Ferne schweifen, –
Müd ist mein Fuß, und müd ist meine Seele, –
Die Erde ist die gleiche überall,
Und ewig, ewig sind die weißen Wolken . . .

DIE JUNGEN MÄDCHEN VON EINST

WANG-TSCHANG-LING

Von einst die jungen Mädchen ruhen sich
In blühendem Gebüsch und plaudern leise.

„Man sagt," so flüstern sie, „wir seien alt,
Und unsre Haare seien weiß geworden,
Und unsre Gesichter seien nicht
Mehr süß und strahlend wie der junge Mond.
Was wissen wir davon? Die also sprechen,
Tun es aus Schmähsucht. Kann man selber sich
Denn sehen! Freundinnen, nicht unter uns –
Nein, in dem Spiegel herrscht der böse Winter,
Der weißen Schnee auf unsre Haare schüttet
Und unsre Mienen alt erscheinen läßt.

Nur in dem Spiegel herrscht der böse Winter . . ."

DAS TRINKLIED VOM JAMMER DER ERDE

LI-TAI-PO

Schon winkt der Wein in goldenen Pokalen, –
Doch trinkt noch nicht! Erst sing ich euch ein Lied!
Das Lied vom Kummer soll euch in die Seele
Auflachend klingen! Wenn der Kummer naht,
So stirbt die Freude, der Gesang erstirbt,
Wüst liegen die Gemächer meiner Seele.
       Dunkel ist das Leben, ist der Tod.

Dein Keller birgt des goldnen Weins die Fülle,
Herr dieses Hauses, – ich besitze andres:
Hier diese lange Laute nenn ich mein!
Die Laute schlagen und die Gläser leeren,
Das sind zwei Dinge, die zusammenpassen!
Ein voller Becher Weins zur rechten Zeit
Ist mehr wert als die Reiche dieser Erde.
       Dunkel ist das Leben, ist der Tod.

Das Firmament blaut ewig, und die Erde
Wird lange feststehn auf den alten Füßen, –
Du aber, Mensch, wie lange lebst denn du?
Nicht hundert Jahre darfst du dich ergötzen
An all dem morschen Tande dieser Erde,

Nur Ein Besitztum ist dir ganz gewiß:
Das ist das Grab, das grinsende, am Ende.
      Dunkel ist das Leben, ist der Tod.

Seht dort hinab! Im Mondschein auf den Gräbern
Hockt eine wild-gespenstische Gestalt.
Ein Affe ist es! Hört ihr, wie sein Heulen
Hinausgellt in den süßen Duft des Abends?
Jetzt nehmt den Wein! Jetzt ist es Zeit, Genossen!
Leert eure goldnen Becher bis zum Grund!
      Dunkel ist das Leben, ist der Tod.

DER PAVILLON AUS PORZELLAN

LI-TAI-PO

Mitten in dem kleinen Teiche
Steht ein Pavillon aus grünem
Und aus weißem Porzellan.

Wie der Rücken eines Tigers
Wölbt die Brücke sich aus Jade
Zu dem Pavillon hinüber.

In dem Häuschen sitzen Freunde,
Schön gekleidet, trinken, plaudern, –
Manche schreiben Verse nieder.

Ihre seidnen Ärmel gleiten
Rückwärts, ihre seidnen Mützen
Hocken lustig tief im Nacken.

Auf des kleinen Teiches stiller
Oberfläche zeigt sich alles
Wunderlich im Spiegelbilde:

Wie ein Halbmond scheint der Brücke
Umgekehrter Bogen. Freunde,
Schön gekleidet, trinken, plaudern,

Alle auf dem Kopfe stehend,
In dem Pavillon aus grünem
Und aus weißem Porzellan.

DER TANZ DER GÖTTER

LI-TAI-PO

Zu meiner Flöte, die aus Jade ist,
Sang ich den Menschen tief bewegt ein Lied, –
Die Menschen lachten, sie verstandens nicht.

Da hob ich schmerzvoll meine Flöte, die
Aus Jade ist, zum Himmel auf und brachte
Mein Lied den Göttern dar. Die Götter waren
Beglückt und huben auf erglühnden Wolken
Nach meinem Lied zu tanzen an . . .

Nun singe ich mein Lied den Menschen auch
Zur Freude; nun verstehen sie mich auch,
Spiel ich das Lied auf meiner Flöte, die
Aus Jade ist . . .

AM UFER

LI-TAI-PO

Junge Mädchen pflücken Lotosblumen
An dem Uferrande. Zwischen Büschen,
Zwischen Blättern sitzen sie und sammeln
Blüten, Blüten in den Schoß und rufen
Sich einander Neckereien zu.

Goldne Sonne webt um die Gestalten,
Spiegelt sie im blanken Wasser wider,
Ihre Kleider, ihre süßen Augen,
Und der Wind hebt kosend das Gewebe
Ihrer Ärmel auf und führt den Zauber
Ihrer Wohlgerüche durch die Luft.

Sieh, was tummeln sich für schöne Knaben
An dem Uferrand auf mutigen Rossen?
Zwischen dem Geäst der Trauerweiden
Traben sie einher. Das Roß des einen
Wiehert auf und scheut und saust dahin
Und zerstampft die hingesunkenen Blüten.

Und die schönste von den Jungfraun sendet
Lange Blicke ihm der Sorge nach.

Ihre stolze Haltung ist nur Lüge:
In dem Funkeln ihrer großen Augen
Wehklagt die Erregung ihres Herzens.

DER TRINKER IM FRÜHLING

LI-TAI-PO

Wenn nur ein Traum das Dasein ist,
Warum dann Müh und Plag?
Ich trinke, bis ich nicht mehr kann,
Den ganzen lieben Tag.

Und wenn ich nicht mehr trinken kann,
Weil Leib und Kehle voll,
So tauml' ich hin vor meiner Tür
Und schlafe wundervoll.

Was hör ich beim Erwachen? Horch,
Ein Vogel singt im Baum.
Ich frag ihn, ob schon Frühling sei, –
Mir ist als wie im Traum.

Der Vogel zwitschert: ja, der Lenz
Sei kommen über Nacht, –
Ich seufzte tief ergriffen auf,
Der Vogel singt und lacht.

Ich fülle mir den Becher neu
Und leer' ihn bis zum Grund
Und singe, bis der Mond erglänzt
Am schwarzen Himmelsrund.

Und wenn ich nicht mehr singen kann,
So schlaf ich wieder ein.
Was geht denn mich der Frühling an!
Laßt mich betrunken sein!

DIE ROTE ROSE

LI-TAI-PO

Am Fenster saß ich trauernd, stumm geneigt
Über ein seidenes Kissen, das ich stickte.
Da stach ich mich, – und rotes Blut rann auf
Die weiße, weiße Rose, die ich stickte,
Und eine rote Rose ward daraus.

Wie dacht ich da an dich, der ferne ist
Im Kriege! Und ich dachte, wie auch du
Dein Blut vergießt, – und heiße Tränen stürzten
Mir aus den Augen, und ich weinte lange.

Hei, jetzt vernahm ich Hufschlag eines Pferdes!
Ich sprang empor! Er ists! Da fühlt ich, weh,
Daß es mein Herz war, das so heftig schlug.

Und wieder saß ich, stickte trauernd weiter,
Und stickte Tränen in das seidene Kissen,
Die schimmerten wie wundervolle Perlen
Rings um die rote, rote Rose her.

DIE TREPPE IM MONDLICHT

LI-TAI-PO

Gefügt aus Jade steigt die Treppe auf
Mit Tau benetzt, darin der Vollmond schimmert, –
Auf allen Stufen liegt der holde Glanz.

Die Kaiserin in schleppendem Gewande
Schreitet die Stufen aufwärts, und der Tau
Näßt funkelnd des Gewandes edeln Saum.

Sie schreitet bis zum Pavillon, in dem
Das Mondlicht webt. Geblendet bleibt sie auf
Der Schwelle stehen. Ihre Hand zieht sacht

Den Perlenvorhang nieder, – und es sinken
Die lieblichen Kristalle, rieselnd wie
Ein Wasserfall, durch den die Sonne scheint . . .

Da lauscht die Kaiserin dem Rieseln nach
Und blickt voll Schwermut lange in den Mond,
Den herbstlichen, der durch die Perlen flimmert.

Und blickt voll Schwermut lange in den Mond . . .

LIEBESTRUNKEN

LI-TAI-PO

Im Garten des Palastes streift der Wind
Mit weichem Anhauch über Lotosblumen.
Auf der Terrasse, wohlig hingestreckt
In bunte Seidenkissen, ruht der König.
Vor ihm tanzt Si-Schy, funkelnd wie die Sterne,
Schön wie die Schönheit selber, schwebt und schwebt
Und lächelt, lächelt, wunderbar zu schauen
Bis daß ein süß-begehrliches Ermatten
In ihre Glieder sinkt; die Hüften wiegen
Sich nun nicht mehr; die kleinen Füßen ruhn, –
Und schmachtend lehnt sie an den Jaderand,
Den schimmernden, des königlichen Lagers . . .

Die holde Si-Schy, schmachtend lehnt sie da . . .

DIE LOTOSBLUMEN

LI-TAI-PO

Im Mondlicht glitzern tausend kleine Wellen,
Das helle Grün des Wassers ist wie Silber,
Man meint, es seien ungezählte Fische,
Die auf dem Strom hinab zum Meere ziehn.

Ich gleite einsam in dem leichten Nachen,
Nur hin und wieder reg ich meine Ruder,
Die Nacht und ihre Einsamkeit erfüllen
Mein Herz, mein junges Herz mit Traurigkeit.

Ich seh im Mondlicht tausend Lotosblumen
Mit Riesenblüten, die wie Perlen gleißen,
Ich kose sie mit meinen Bambusrudern,
Sie rauschen auf, als sprächen sie vom Glück.

Sie neigen sich und winken, liebestrunken,
Sie flüstern Trost in meine arme Seele;
Ich blicke ganz beseligt auf sie nieder,
Und meine Schwermut, die mich so bedrückte,
Sinkt wie ein dunkler Schatten von mir ab.

LIED AUF DEM FLUSSE

LI-TAI-PO

Aus Ebenholz ist meine Barke,
Und meine Flöte ist aus Jade,
Und ihre Löcher sind beschlagen
Mit Ringen aus dem reinsten Gold.

Und Wein! So wie der Saft der Pflanzen
Mein Seidenkleid von Flecken säubert,
So löscht der Wein die dunkeln Flecken
Aus meinem Herzen ganz hinweg.

Ein goldner Krug voll goldnen Weines,
Ein schlankes Fahrzeug auf dem Flusse
Und Frauengunst –: mir ist, ich wäre
Gesellt dem Kreis der Himmlischen!

DIE GEHEIMNISVOLLE FLÖTE

LI-TAI-PO

An einem Abend, da die Blumen dufteten
Und alle Blätter an den Bäumen, trug der Wind mir
Das Lied einer entfernten Flöte zu. Da schnitt
Ich einen Weidenzweig vom Strauche, und
Mein Lied flog, Antwort gebend, durch die blühende
Nacht.

Seit jenem Abend hören, wann die Erde schläft,
Die Vögel ein Gespräch in ihrer Sprache.

IN DER FREMDE

LI-TAI-PO

In fremdem Lande lag ich. Weißen Glanz
Malte der Mond vor meine Lagerstätte.
Ich hob das Haupt, – ich meinte erst, es sei
Der Reif der Frühe, was ich schimmern sah,
Dann aber wußte ich: der Mond, der Mond . . .
Und neigte das Gesicht zur Erde hin,
Und meine Heimat winkte mir von fern.

DER FISCHER IM FRÜHLING

LI-TAI-PO

Der Schnee ward aufgesogen von der Erde,
Schon sind die Pflaumenbäume weiß von Blüten,
Die Weiden stehn in goldigem Gewand.

Wie flüssiges Silber dehnen sich die Teiche,
Die Schmetterlinge mit den duftigen Flügeln
Ruhn auf den Blumen aus und trinken Tau.

Der Fischer auf dem Kahn im stillen Wasser
Wirft fröhlich sein gestricktes Netz hinaus,
Das jäh zerbricht des Wassers Silberspiegel.

Er denkt an sie, an deren Seite er
Geruht, wie eine Schwalbe in dem Neste
Zur Seite des geliebten Weibchens schläft.

Er denkt an sie und hofft auf seine Netze,
Um Nahrung heimzubringen der Geliebten,
So wie der Vogel seinem Weibchen tut.

DIE DREI KAMERADEN

LI-TAI-PO

In blühender Laube sitz ich stumm beim Wein
Und sehne mich nach einem Kameraden, –
Ist keiner da, der mit mir zechen will?

Da naht der Mond und grüßt mich wie ein Freund,
Und noch ein dritter taucht empor: mein Schatten!
Mein Schatten und der Mond! Bei Gott, zwei stille
Kumpane – und sie trinken keinen Tropfen!
Mein Schatten rührt sich geradeso wie ich,
Blaß ist der Mond, – Genossen, seid willkommen!
Auf laßt uns saufen, bis der Frühling naht!

Ich singe! – und der Mond hört lachend zu.
Ich tanze! – und mein Schatten tanzt mit mir.
Hallo, Genossen! Welch ein Zechgelage!
O bleibt mir treu, – zum mindesten so lange,
Wie klarer Sinn in meinen Worten fließt.
Wühlt freilich erst der Rausch durch meine
                                    Schläfen, –
Ade dann, Freundschaft! Freunde, dann ade!
Wir trennen uns im Dämmerlicht der Frühe,
Doch nicht auf lang . . .
                        Ja, morgen abend feiern
Wir Wiedersehen, – wollen wir, Genossen?

DIE EWIGEN LETTERN

LI-TAI-PO

Indem ich Verse bilde, sehe ich
Von meinem stillen Fenster aus dem Schwanken
Der Bambussträucher in dem Winde zu.

Wie aufgeregtes Wasser scheinen sie,
Und das Geraschel in den Blättern klingt
Fast wie das Rauschen hüpfender Kaskaden.

Ich werfe meine Lettern aufs Papier,
Sie sehen aus, als seien Pflaumenblüten
Wirr durcheinander in den Schnee gestürzt.

Der frische Duft der Mandarinenfrüchte
Vergeht, wenn eine Frau sie allzulange
In ihres Kleides dunkeln Falten trägt.

Der Reif erlischt, wenn ihn die Sonne anscheint, –
Nur meine Lettern, die ich niederschreibe,
Sind ewig, ewig! – Dieses weiß ICH, Li-Tai-Po.

DER VERBANNTE

THU-FU

Oft stand ich einsam auf dem Festungsturme
Des kahlen Berges. Dort, den Wolken nahe,
Stand ich und sah die rote Sonne gehn.

Und wenn die Sterne kamen, suchte ich
An ihren Bildern mir die Richtung, wo
Die schöne, ferne, bunte Hauptstadt lag.

Da lugt ich sehnend aus, indes sich Herz
Und Ohr entsetzten beim Geschrei der Affen,
Und niemals, wußt ich, kehrte ich nach Haus . . .

Einst war ich der geliebte Freund der Götter!
In Glanz und Schönheit strahlte meine Wohnung,
Und wo ich ging, lag Weihrauch in der Luft.

Einst schlief ich nachts auf seidenen Geflechten, –
Jetzt steh ich schlaflos hinter Festungszinnen,
Der schrille Pfiff der Wachen quält mein Ohr.

Ich blicke wie im Traume auf die Sträucher
Der Felsenwand, darauf der Vollmond flimmert, –
Das ganze Leben seh ich wie im Traum.

Tief unten dämmern in dem halben Lichte
Der Nacht die Inseln. Blasses Schilf des Herbstes
Umblüht sie. Es ist Herbst, o meine Seele!

AN LI-TAI-PO

THU-FU

Die Poesie ist deine Sprache, Li-Tai-Po,
So wie das Lied der Vögel ewige Sprache ist.

Im Sonnenlicht und in dem Schattenland des Abends
Fühlst du die Poesie der Dinge und nur sie.

Genießt du goldnen Wein, so fliegen auf der Wolke
Der Trunkenheit dir himmlische Gedichte zu.

Du größter aller Menschen! Wie die Sonne strahlt,
So hüllst du uns in deines Geistes Strahlen ein.

Nimm, Herrlicher, dies Stammeln der Verehrung hin
Von einem, der bewundernd tief im Dunkel steht!

DAS VERBRANNTE HAUS

THU-FU

Das sehr geliebte Haus, in dem ich einst
Geboren wurde, ist ein Raub der Flammen
Geworden. Grauer Schutt liegt, wo es stand.

Da stieg ich müd in einen goldnen Kahn
Und hoffte meinen Kummer zu besiegen,
Wenn ich hinausfuhr in die bunte Welt.

Auf meiner schön geschnitzten Flöte hab
Ein Lied ich zu dem Mond hinaufgesungen,
Ein Lied voll Sehnsucht durch die laue Nacht.

O weh, der Mond war traurig, da er so
Mein Lied vernahm. Mit einer großen Wolke
Hat er sein greises Angesicht verhüllt.

Da ging ich zu den Bergen hin. Auch sie
Besaßen keinen Trost für meine Wunden,
Es war umsonst, daß ich zu ihnen sprach.

Da fühlte ich, daß alle meine Lust
Und meiner Kindheit Wunder in der Asche
Begraben lagen, wo mein Haus einst stand.

Ich wünschte mir den Tod. Schon stand ich bleich
Am Meer und beugte weit mich übers Ufer, –
Da fuhr ein weißer Kahn an mir vorbei . . .

Erst glaubte ich, es sei der Mond, der sich
Im Wasser spiegelt. Aber nein, es war
Ein weißes Schiff – gelenkt von einer Frau.

O du! O du! Daß dich mein Auge sah
In dieser bängsten Stunde meines Schmerzes!
Jetzt weiß ich wohl, wo mir Genesung winkt.

Jetzt habe ich ein Ziel: dich zu erobern,
Du meine Retterin! In deinem Herzen
Will ich mein Haus von neuem auferbaun!

DER KAISER

THU-FU

Auf seinem Thron von neuem Golde sitzt
Der Sohn des Himmels, funkelnd von Geschmeide,
Die Mandarinen hocken um ihn her.

Er glänzt wie eine Sonne unter Sternen,
Die Mandarinen reden ernste Dinge
Mit ernstem Mund und ernst erhobner Hand.

Des Kaisers Sinn ist durch das offne Fenster
Enteilt: dort ruht die Kaiserin, die holde,
In ihrem Pavillon aus Porzellan.

Gleich einer Blüte, wundervoll entfaltet
In zartem Laubwerk: also ruht sie wartend
Unter den jungen Damen der Begleitung.

Sie findet, daß ihr Liebster allzulange
Im Rate weilt. Voll Ungeduld und Sehnen
Bewegt sie ihren Fächer hin und her.

Da trifft ein Hauch von süßen Wohlgerüchen
Mit weichem Flügelschlag des Kaisers Antlitz,
Und voller Unruh fühlt er nur noch dies:

„Mein schönes Weib schickt mir mit ihrem Fächer
Die Düfte ihrer Lippen, die ich liebe . . .“
Und er erhebt sich, schimmernd von Geschmeid,

Und richtet seine Schritte der Behausung
Der Gattin zu . . . Die Mandarinen starren
Einander an, verwundert, fassungslos.

AUF DEM FLUSSE

THU-FU

Mein Schiff treibt durch das Wasser leicht dahin, –
Ich seh sein Spiegelbild auf klarer Flut.
Am Himmel gehn die Wolken, stumme Wandrer,
Und auch den Himmel seh ich in der Flut.
Wenn eine Wolke an dem blauem Monde
Vorübergleitet, fein wie ein Gedanke,
So seh ich, wie sie unter mir verschwebt,
Ein Märchenbild . . .

Mir ist, mein Schiff zieht selig durch den Himmel,
Ich fühle mich den Wolken nah verwandt, –
Und plötzlich weiß ich: Wie der Himmel sich
In diesem Wasser spiegelt, also blüht
Das Bild meiner Geliebten mir im Herzen.

DAS FLÖTENLIED DES HERBSTES

THU-FU

Du armer Wanderer! Fern dem Vaterlande
Und müd und ohne Freunde, sehnst du dich
Umsonst nach deiner Heimat Mutterlaut.

Zwar blüht der Sommer so verschwenderisch,
Daß du noch reich scheinst. Auch der Vögel Sang
Ertönt wie in der Heimat dir vertraut.

Doch wehe! Wenn das Flötenlied des Herbstes
Dein Ohr trifft: das Gezirpe der Zikaden, –
Und wenn der Sturmwind durch die Wolken wühlt!

Dann wirst du das Gesicht in beide Hände
Vergraben, und dein Aug wird überfließen,
Und deine Seele wird sich heimwärts wenden

Voll Qual in das geliebte Vaterland.

DER FRÜHLINGSREGEN

THU-FU

Der holde, liebe Frühlingsregen weiß,
Wann die Natur ihn sich ersehnt. Er naht,
Und neues Leben blüht in seiner Spur.

Er hat die Nacht gewählt zu seiner Ankunft,
Er kam auf einem weichen, warmen Winde
Und netzte alles sanft mit seinem Tau.

Die Wolken lagen gestern abend dunkel
Über dem Weg, der mich nach Hause führte,
Einzelne Lichter blinkten auf dem Strom.

Nun in der Frühe leuchten alle Felder,
Der Himmel lacht, und süßer Duft der Blumen
Quillt wohlig aus den kaiserlichen Gärten.

DIE DICHTER

THU-FU

Horcht, wie der der Windhauch durch die Bäume
                                        flüstert!
Der junge Mond ist schon zur Ruh gegangen,
Die Luft ist frisch vom holden Tau des Abends,
Nun stimmt die Saiten, – rein sei euer Lied!

Die Bäche rinnen leise durch das Dunkel,
Die Blumen küssend, die am Ufer blühen;
Der Silberglanz der Sterne dehnt sich schweigend
Zu unsern Häupten wie ein Baldachin.

Die Dichter, wie berauscht, sehn in den Abend:
Zu bunten Ketten fügen sich die Reime, –
O daß die Fackeln nicht erlöschen mögen,
Bevor die Verse prangen schwarz auf weiß!

Gestützt auf ihre breiten Schwerter, schreiben
Die Dichter ihre Rhythmen stammelnd nieder;
Die goldnen Becher leeren sich und werden
Gefüllt bis in die tiefe Mitternacht.

Dann endlich tönt das Abschiedslied. Ein jeder
Singt, was er bildete, mit holdem Klang, –
Drauf steigt man in die Kähne, rauscht von dannen,
Und selig vor Erinnrung schlägt das Herz!

DIE FREUNDIN DES FELDHERRN

THU-FU

Trauernd hat der große Feldherr
Seine Freundin heut verlassen,
Durch das breite Stadttor ritt er
In die Felder zur Armee.

Da er dort in seinem Zelte
Schlief und sehnsuchtsvollen Herzens
Von der Wundervollen träumte,
Drang ein Rascheln an sein Ohr.

Wie ein Rascheln welker Blätter
Klang es, und der große Feldherr
Schreckte jäh empor und stützte
Müd das Haupt in seine Hand.

War es nicht das feine Rascheln,
Das die seidenen Gewänder
Seiner Freundin an sich hatten? –
Und da stand sie, – und er sprach:

„Meine Seele war im Dunkeln,
Aber jetzt ist sie voll Lachen,
O! mir ist, daß vom Gebirge
Aller Schnee gewichen sei!"

Also sprach der große Feldherr,
Und es schimmerte sein Auge,
Und er breitete die Arme
Nach der Vielgeliebten aus.

Lächelnd sagte da die Freundin:
„O Geliebter! Weinend saß ich
An dem Fenster meiner Kammer,
Weinend sehnt ich mich nach dir!

Sieh, da nahte sich ein Schwälblein,
Das mein bittres Weinen rührte,
Und es lieh mir seine Flügel,
Und ich nahm sie und flog auf!

Und ich flog mit Windeseile,
Ja, ich bin so schnell geflogen,
Daß die Eile deines Rosses
Im Vergleich zu meinem Fluge

Wie das Schleichen einer Schnecke,
Dir mein Freund, erschienen wäre!"
Lächelnd sagte sie's und schmiegte
Sich erschöpft an seine Brust.

DER TRANK DER GÖTTER

TSUI-TSONG-TSCHE

Mit bestem Weine füllt ich den Pokal,
Doch als ich trinken wollte, war er leer:
Das tat der Wind, der durch das Fenster zog.

Wenn es auf Erden regnet, hat der Wind
Die Krüge der Unsterblichen verschüttet,
Die zechend auf den dunkeln Wolken ruhn.

Da naht die Sonne, und von allen Blumen
Saugt sie den Tau in ihre lichten Höhen
Und füllt der Götter Krüge schnell aufs neu ...

DIE FREMDE

PE-KHIÜ-Y

In einer Herbstnacht ankerten wir an der Insel
Der Papageien. Silbern leuchtete der Mond
Über dem Fluß, der rauschend durch das Dunkel zog.
Da hörten wir in einem nahen Schiff
Die Stimme eines Menschen, traurig wie der Tod.
Sie schwebte hin und weinte, weinte, weinte,
Wie wir es nie gehört, erlosch und schwieg.

Wir suchten nach dem Sänger, und wir fanden ihn.
Es war ein Weib. Aufschimmerte wie Schnee
Die Jugend ihrer Wangen. An den Mast gelehnt,
Hinreißend lieblich stand die Bleiche da,
Und Tränen rannen ihr im Mondlicht von
Den Wangen nieder, blinkend wie die Perlen,
Und unablässig, immer Tränen, Tränen.

Wir fragten sie, woher sie kam; warum
Ihr Lied so traurig sei; warum sie weine.
Wir fragten nochmals, und sie weinte wieder
Und neigte das Gesicht auf ihre Brust
Und sah uns nicht und sprach kein Wort zu uns, –
Und Tränen rannen ihr im Mondlicht von
Den Wangen nieder, blinkend wie die Perlen . . .

DER HUND DES SIEGERS

UNBEKANNTER DICHTER

Unter dem schwarzen Banner habe ich
Im Krieg gefochten. Eine schwere Wunde
Trug ich davon und schlug der Feinde viel.

Blutübergossen schritt ich nach dem Kampfe
Das Schlachtfeld ab, gefolgt von meinem Hunde,
Der mir im Streite brav zur Seite stand.

Ich zeigte ihm die Leiber meiner Opfer
Und sprach zu ihm: „Nun friß!" und zeigte ihm
Ihr rinnend Blut und sprach zu ihm: „Nun trink!"

Das edle Tier hat nicht für wert befunden,
Die häßlichen Kadaver zu berühren,
Zu mir nur hat es ängstlich sich gewandt.

Mit offnem Maule richtete sichs aufwärts
Bis zu der Höhe meiner klaffenden Wunde
Und war besorgt um mich als wie ein Freund.

Und war besorgt um meines Blutes Rieseln,
Das heiß, doch siegreich auf die Erde tropfte,
Und sah mich an mit Augen wie ein Freund ...

TRINKEN, UM ZU VERGESSEN

WAN-WI

Laßt uns gesellig niedersitzen –
Und Wein her! Und die schimmernden
Pokale bis zum Rand gefüllt!

Der Lenz entwich mit seinen Wonnen
Bis übers Jahr. Wir wollen trinken,
Solang der Mund noch willig ist!

O! dürften trinkend wir vergessen,
Daß auch des Lebens Lenz enteilte
Und daß wir tief im Winter sind ...

DIE VERSTOSSENE FREUNDIN DES KAISERS

UNBEKANNTE DICHTERIN

Wie aufgelöst ist meine Seele,
Ich hab geweint, daß meine Kissen
Durchnäßt sind. Ohne Schlaf und Träume
Wälz ich mich nachts auf meinem Bett.

Schon ist die Mitternacht vorüber,
Doch dringen immer noch Gesänge
Und Lautenspiel aus dem Palaste
Des Kaisers an mein wachsam Ohr.

Mein Hals ist zart wie Apfelblüten,
Und schlank wie sonst sind meine Glieder. –
Sag, Herr, warum hat deine Liebe
Sich grausam von mir abgewandt?

Ich liege schlaflos bis zum Morgen
Und starre in das Kohlenbecken
Und finde keine, keine Antwort
Auf meiner Fragen wilde Qual!

LIEBESGESCHENKE

UNBEKANNTER DICHTER

Ich pflückte eine kleine Pfirsichblüte
Und brachte sie der schönen jungen Frau,
Die Lippen hat, – o rosiger, beim Himmel,
Und zarter als die feinsten Pfirsichblüten.

Und eine schwarze Schwalbe fing ich ein
Und brachte sie der schönen jungen Frau,
Die Augenbrauen hat, so schlank und dunkel
Wie einer Schwalbe schlankes Flügelpaar.

Am andern Tage war die Pfirsichblüte
Verwelkt, die Schwalbe aber war entflohen
In jene fernen blauen Berge, wo
der Genius der Pfirsichblüten wohnt.

Jedoch der Mund der schönen jungen Frau
Blieb süß und rosig, wie er vorher glänzte,
Und ihrer Augenbrauen Flügelpaar
Flog nicht davon und ziert sie immerzu.

DIE EINSAME IM HERBST

TSCHANG-TSI

Herbstnebel wallen bläulich überm Strom,
Vom Reif bezogen stehen alle Gräser,
Man meint, ein Künstler habe Staub von Jade
Über die feinen Halme ausgestreut.

Der süße Duft der Blumen ist verflogen,
Ein kalter Wind beugt ihre Stengel nieder;
Bald werden die verwelkten goldnen Blätter
Der Lotosblüten auf dem Wasser ziehn.

Mein Herz ist müde. Meine kleine Lampe
Erlosch mit Knistern, an den Schlaf gemahnend.
Ich komme zu dir, traute Ruhestätte, –
Ja, gib mir Schlaf, ich hab Erquickung not!

Ich weine viel in meinen Einsamkeiten,
Der Herbst in meinem Herzen währt zu lange;
Sonne der Liebe, willst du nie mehr scheinen
Um meine bittern Tränen aufzutrocknen?

DIE TREUE GEMAHLIN

TSCHANG-TSI

Ihr wißt, daß ich vermählt bin, Herr. Trotzdem
Habt Ihr gewagt, zwei wundervolle Perlen
Zu heimlichem Geschenk mir anzubieten.

Herr, Ihr verwirrt mich. Sinnlos schlägt mein Herz.
Laßt mich gestehen, daß ich Eure Perlen
Beglückt an meine seidne Robe hielt . . .

Die schimmernden Behausungen der Meinen
Stehn stolz und trotzig, unbefleckter Ehre,
Neben den Gärten, wo der Kaiser wohnt.

Mein edler Gatte trägt die goldne Lanze
Der großen Krieger. Herr, ich zweifle nicht,
Daß Eure Liebe rein ist wie der Mond.

Ich zweifle nicht, daß Eure Seele blutet
Vor großer Sehnsucht, die Ihr nach mir fühlt, –
Herr, geht! Laßt mich allein! Verwirrt mich nicht!

Ich bleibe treu dem Gatten, dem mein Schwur
Gehört, mit ihm zu leben und zu sterben.
Hier bring ich Eure Perlen Euch zurück.

So nehmt sie hin. Seht meine Tränen fließen
Auf Eure lieben Perlen. Wehe! Wehe!
Hätt Euch mein Auge nie gesehn! – Lebt wohl!

DAS WEISSE BLATT PAPIER

TSCHANG-TSI

Den Kopf schwer in die Hand gesenkt, starr ich
Das weiße Blatt Papier an, das so leer
Bleibt, wie es war, seitdem es vor mir liegt.

Die Tusche starr ich an, die langsam trocknet
An meinem Pinsel. Meine Seele schlummert.
Wann wirst du denn erwachen, meine Seele?

Ich springe auf und eile in die Ebne
Auf der die Sonne glüht; ich lasse leise
Die Hände gleiten übers hohe Gras.

Hier drüben liegt der Wald, wie Sammet. Dort
Die anmutvolle Linie des Gebirges,
Auf dessen Schnee die Sonne Rosen streut.

Ich seh die Wolken langsam ziehn im Blauen,
Voll Hoffnung kehr ich heim, – da kreischen mir
Die Raben ihr Gelächter hämisch nach.

Und wieder sitz ich vor dem weißen Blatte
Papier und starr es an, gesenkten Hauptes, –
Ach! das Papier bleibt leer, so wie es war.

HOFDAMEN

THU-SIN-YU

Der Park schläft tief. Kein Atmen. Alle Pforten
Sind zugeschlossen. Tief schläft der Palast.
Nur von den Blumenbeeten duftets leise.

Am Rande der Terrasse, wo aus rotem
Marmor die Balustrade sich erhebt,
Stehn, zueinander sanft geneigt, zwei Damen,
Wie Schattenbilder, und die eine möchte
So gern der andern ihren großen Kummer,
Der ihr das Leben schwer macht, anvertrauen.
Sie späht in die Gebüsche, – alles still.
Schon will sie sprechen, da entdeckt sie plötzlich
In einem Zweige einen Papagei
Mit bunten Federn und mit grimmen Augen, –

Sie sieht ihn sitzen, seufzt tief auf und – schweigt.

MONDNACHT

AUS DER SAMMLUNG THANG-SCHI-YIE-TSAI

Hinter der schroffen Felsenkuppe sinkt
Das goldene Gestirn des Tags zur Ruh,
Aus feuchtem Tale steigt der Mond herauf.

Ich schlage meines Wagens Dach zurück,
Mit unbedecktem Haupte lenke ich
Mein weißes Pferd durch schöne kühle Nacht.

O Welt um mich herum! Ein feiner Wind
Bringt mir den Duft von unbekannten Blumen,
Der Tau liegt perlend auf dem Wiesengras.

Du meine Laute, hätt ich jetzt dich hier!
Wie wollte ich dich rühren, um den Stimmen
Der Nacht zu künden, daß ich sie versteh.

Mein Herz ist voll von unbestimmter Sehnsucht,
Wie wär ich selig, wenn ich singen dürfte, –
O meine Laute, hätt ich jetzt dich hier!

WORTE DES ABSCHIEDS

LI-OEY

Der Feldherr war gerüstet für den Krieg.
Beim Abschied, da er schon zu Pferde saß,
Reicht' ihm die Gattin ein gesticktes Tuch.

„Nimm dieses Tuch, Geliebter!" sagte sie,
„Ich habe es gestickt mit eigner Hand, –
Und denk an mich und bleibe nicht zu lang!

Veränderlich ist alles! Heute scheint
Der blaue Vollmond; aber jede Nacht
Nimmt ihm ein Stück von seinem Glanz hinweg.

Nicht immer werd ich schimmern so wie heut!
Die Schönheit meines Leibes wird vergehn, –
Drum bleibe nicht zu lang, Geliebter du!"

MONDNACHT AUF DEM MEER

LI-OEY

Der volle Mond steigt aus dem Meer herauf,
Das Wasser liegt so still wie eine Wiese
Aus Silber da. O wundervolle Nacht!

In einem Boote liegen junge Freunde
Beisammen, trinken Wein aus dünnen Schalen
Und blicken zu den zarten Wolken auf,

Die über dem Gebirg, vom Mond beglänzt,
Hinwandeln wie ein Reigen. Einige
Der Knaben flüstern: dieses sei die Schar

Der schönen weißen Gattinen des Kaisers;
Doch einer, wohl ein Dichter, spricht: O Freunde,
Es sind die Schwäne aus der andern Welt . . .

FERN DER HEIMAT

SU-TONG-PO

Die jungen Leute lieben die Gewänder
In bunten Farben. Manche tragen blaue
Und manche grüne, manche rosarote.

So zeigen auch die Gärten, wenn im Frühling
Sie neu erwachen, wundervolle Farben:
Das Grün der Gräser und den Glanz der Blüten.

Doch wehe! Wer in fremden Ländern wandert,
Und sei er noch so jung, der schreitet immer
In einem schwarzen, trauernden Gewand.

DER LANDMANN IM WINTER

SU-TONG-PO

Nun ist der Winter da. Wie eine Wolke
Von weißen Schmetterlingen sank der Schnee
Ganz lautlos auf die harte, kühle Erde.

Des Landmanns Blick ist trübe und verloren,
Still schließt er die Geräte in sein Haus,
Sein Herz ist voll von namenloser Trauer.

Die Erde, seine Freundin, ist nun tot.
Da er im Frühjahr ihr die Saat vertraute,
Gab er ihr alle seine Sehnsucht mit.

Als dann die Ernte aufwuchs, fand er selig
All seine Sehnsucht in Erfüllung wieder,
Er jubelte und sang und war beglückt.

Doch nun ist alles aus. Wie eine Wolke
Von weißen Schmetterlingen sank der Schnee
Ganz lautlos auf die harte, kühle Erde . . .

DER DICHTER AUF DEM NEBLIGEN GEBIRG

SU-TONG-PO

Der Dichter schreitet langsam das Gebirg empor;
Die Felsen in der Ferne, wo der Nebel braut,
Erscheinen ihm wie Schafe, die entschlummert sind.

Nun steht er auf dem Gipfel. Stöhnend ruht er sich
Auf einem Felsblock. Er ist sehr ermüdet, da
Er vor dem Aufstieg viel des goldnen Weins genoß.

Die Wolken schwanken über seinem Haupt dahin,
Er schaut, wie sie sich ballen, trüben Sinnes zu:
Bald ist der schöne blaue Himmel ganz bedeckt.

Da hebt er an zu singen mit umflortem Klang,
Daß nun der Herbst naht und die kalte Nebelluft
Und daß der Frühling unerreichbar ferne sei.

Und Wandrer kommen, der Natur sich zu erfreun,
Und sehn ihn und umringen ihn und lachen laut:
Seht, der da ist ein Dichter! Er ist wirr im Kopf.

DIE WILDEN SCHWÄNE

DIE DICHTERIN LY-Y-HAN

Noch ist der Glanz der Frühe nicht erschienen,
Ich höre, wie der Wind am Fenster rüttelt,
Und meine Träume schwinden ganz dahin.

Ich steige aufwärts in das Aussichtszimmer,
Einst rührt ich hier mit meiner schönen Nadel
Aus Jade sinnend in der Glut der Kohlen.

Jetzt ist die Glut dahin. Es ist vergebens,
Daß meine Nadel durch die Asche tastet,
Ich seh in das Gebirge, schmerzumflort.

Ein grauer Regen düstert in der Landschaft.
Der Nebel weht. Der Fluß wälzt schwere Wogen, –
Doch meinen Jammer wälzt er nicht hinweg.

Auf meines Umhangs dunkelm Tuche schimmert
Der Regen meiner bitterlichen Tränen;
Die wilden Schwäne schreien unter mir.

Ich schüttle meine armen Tränen nieder
Auf die erwachten Vögel, – fliegt, o Vögel!
Bringt meine Tränen ihm, der mich verzehrt!

VERZWEIFLUNG

LY-Y-HAN

O Jammer, Tränen, Flehen und Gebete
Und immer Jammer, immer Tränen, Flehen, –
Ich Unglückselige – was wird aus mir!

Kaum spüre ich des Sommers laue Nächte,
Da zieht der Winter wieder über Land,
Und rauh und häßlich wird der Wind der Frühe.

Jetzt kommen schon die wilden Schwäne wieder;
Mein Herz ist voller Qual. Wie oft, wie oft
Sah ich euch gehn und kommen, wilde Vögel!

Verschwenderisch erblühn die Chrysanthemen, –
Doch diese Blume hier, versehnt, verkümmert,
Hat niemand denn sie abzupflücken Lust?

Ich sitze ewig nur an meinem Fenster, –
Ist denn der Tag noch immer nicht zu Ende?
Ein feiner Regen näßt die Blüten rings.

Auf leisen Sohlen steigt die Dämmrung nieder,
Der Abend kommt, die Nacht umfängt die Erde, –
In mir jedoch bleibt alles, wie es war.

O Jammer, Tränen, Flehen und Gebete, –
Wer zieht den Dorn aus meinem wunden Herzen?
Verzweiflung wühlt in mir und tötet mich . . . !

DER BLÜTENGARTEN

AUS DEM ROMAN YÜ-CHIAO-LI (DIE BEIDEN COUSINEN)

Im Frühlingsgarten sitz ich. Um mich her
Ragt strahlend auf die Blütenpracht der Bäume,
Mein Auge weidet sich an diesem Glanz, –
Ich hebe den Pokal aus Gold und lasse
Duftenden Wein durch meine Kehle ziehn.

O Blumengarten! Heimlich rauscht es mir
Aus dir entgegen, holde Melodien,
Die mich entflammen, – selig greife ich
Zum Stift und schreibe nieder, was ich fühle, –
Du, Garten, hast zum Dichter mich gemacht!
Ich danke deiner Schönheit, deinen Blüten!
Solang ich lebe, wirst du in mir blühen, –
Du wirst noch strahlend blühn in meiner Seele,
Wenn all dein Glanz schon längst vergangen ist.

DAS BLATT DER FRÜHLINGSWEIDE

TSCHAN-TIU-LIN

Nicht deshalb lieb ich jene junge Frau,
Die träumerisch an ihrem Fenster lehnt,
Weil sie den ragenden Palast besitzt
Am Gelben Flusse, – nein, ich liebe sie,
Weil sie dies kleine Blatt der Frühlingsweide
Ins Wasser gleiten ließ . . .

Nicht deshalb liebe ich den Ostwind, weil
Er mir den holden Duft der Birnbaumblüten
Herüberträgt von blumig weißen Höhen, –
Nein, weil er mir das Blatt der Frühlingsweide
An meinen Kahn trieb, – darum lieb ich ihn!

Nicht deshalb lieb ich dieses kleine Blatt
Der Frühlingsweide, weil es mir die Wonnen
Des Lenzes bringt, – nein, weil die junge Frau
Mit einer feinen Nadel meinen Namen
Hineingeritzt hat, – darum lieb ich es!

74

DIE VERLORENEN PERLEN

TSCHAN-TIU-LIN

Des Mandarinen schöne Gattin ritt
Durch die Allee, vorüber an dem Teiche,
Wo Mondlicht auf dem Laub der Weiden lag.

Einige Jadeperlen lösten sich
Von ihrem Hals. Ein Fremder, der vorbeiging,
Nahm sie und lief entzückt damit nach Haus.

Ich merkt es kaum, daß ihr der Halsschmuck riß,
Ich sah nur immer in ihr bleiches Antlitz,
Das wie das Mondlicht auf den Weiden war.

Ich sah nur immer in ihr bleiches Antlitz,
Und qualvoll war das Pochen meines Herzens,
Und weinend, weinend, weinend ging ich heim.

DIE UNWILLIGE FREUNDIN

YAN-TSEN-TSAI

Lang saß ich über einem schönen Buch bei Nacht,
So daß ich ganz die Zeit des Schlafengehns vergaß,
Während das Kohlenbecken still zu Ende glühte
Und die Parfüms von meinem Lager schon enteilten.
Nach meiner Freundin Wunsche aber war das nicht!
Mit Mühe nur verbarg die Schöne ihren Zorn, –
Dann endlich zog sie tapfer mir die Lampe fort
Und fragte: Liebster, weißt du nicht, daß längst
                                    die Zeit
Zum Schlafengehn herbeigekommen ist . . .?

DAS BLATT AUF DEM WASSER

WAN-TSI

Ein Blatt, vom Weidenstrauche losgerissen,
Flatterte nieder in den kleinen Teich,
Da schwimmt es nun, geschaukelt von den Wogen.

Die Zeit hat fortgelöscht aus meinem Herzen
Die quälende Erinnerung. Hingestreckt
Am Teiche, blick ich träumend in die Flut.

Seitdem ich dich vergaß, die einst ich liebte,
Lieg ich verträumt und voller Traurigkeit
Den ganzen Tag am Ufer dieses Teiches.

Mein Auge folgt dem kleinen Weidenblatte:
Es schaukelt hin und kehrt gemächlich wieder
Zu jenem Strauch, von dem es niederfiel.

Gedankenvoll seh ich das Spiel des Blattes, –
O Qual! O Qual! Die schmerzliche Erinnerung
Wird nie vergehn in meinem dunkeln Herzen.

DIE UNDANKBARE

WAN-TSI

Ich habe dir zu meiner Flöte
Aus Ebenholz die tiefsten Lieder
Gesungen, die mein Herz gebar, –
Du hast mein Flehen nicht erhört.

Ich habe Verse dir gedichtet,
Darin ich deine Schönheit pries
Im Ton der Sehnsucht, – aber du
Bliebst kalt, da du die Verse lasest.

Du warfst mit lässiger Gebärde
Mein Lied ins Wasser, – dort verging es.
Nun kauft ich einen wundervollen
Saphir, dem Abendhimmel gleich.

Und den Saphir ließ ich dir bringen
Als Zeichen meiner heißen Liebe, –
Ich Unglückseliger! Du wiesest
Die Zähne mir als schnöden Dank!

ABEND AUF DEM FLUSS

TSCHAN-JO-SU

Nur eine einzige Wolke zieht am Abendhimmel hin;
Nur eine Barke schwimmt im Fluß, – ich bin allein
darin.

Nun kommt der junge Mond herauf, ein runder
Silberschild;
Im Flusse, geisterhaft bewegt, seh ich sein Spiegel-
bild.

Da wird die dunkle Wolke hell und schwebt in
süßer Ruh, –
Da fühl ich weichen allen Schmerz, – o Mond, das
tatest du!

DIE FRAU VOR DEM SPIEGEL

TSCHAN-JO-SU

Nun ruht sie mit gelöstem, schwerem Haar
Vor ihrem Spiegel und starrt lange in
Den Vollmond. Durch den Vorhang fließt das Licht
Und glitzert durch die stille Kammer hin
Wie ungezählte kleine Jadeperlen.
Was tut das Kind? Sie kämmt die üppigen Wellen
Des Haares nicht; sie zieht den Vorhang auf:
Und blütenweiß liegt rings die Landschaft da,
Begossen von dem Silberlicht des Mondes,
So wie der weiße Leib des schönen Kindes
Verborgen in der stillen Kammer blüht . . .

NÄCHTLICHES BILD

TSCHAN-JO-SU

Vom Wind getroffen, schäumt der Teich empor,
Dann ruht er wieder still in seinen Ufern.
Die Fische springen: ihre Leiber leuchten,
Als blühten Lotosblumen durch die Nacht.

Der Mond schwimmt durch die Wolken, durch die
                                    Bäume
Verklärt dahin. Der Silber-Reif der Nacht
Wandelt den Tau zu wundersamen Perlen,
Die leuchten durch die wundersame Nacht.

MOND UND MENSCHEN

TSCHAN-JO-SU

Solang wir auf der Erde sind, erblicken wir
Den Mond in seinem Märchenglanz, der nie vergeht.

So wie das Wasser still des Flusses Laufe folgt,
So wandert er in jeder Nacht die sichre Bahn.

Nie sehen wir, daß er auf seiner Wandrung stockt,
Noch daß er einen kleinen Schritt sich rückwärts
                                        kehrt.

Dagegen wir verwirrte Menschen: unstet ist
Und ruhlos alles, alles, was wir denken, was wir tun.

VOM FRÜHLING UNBERÜHRT

TSCHAN-JO-SU

Die Pfirsichblüten flattern durch die Lenzluft
Wie rosafarbne Schmetterlinge; lachend
Spiegelt die schlanke Weide sich im Bach.

Wann endet meine Qual? Der laue Ostwind,
Der mir den Duft der blühenden Pflaumenbäume
Herüberträgt, findet mich schlaff und müd.

Die Verse gleiten schwer von meinen Lippen.
Komm, süße Nacht! Ersticke meinen Jammer
In deinen Armen, vielgeliebter Schlaf!

DAS TRAURIGE HERZ

UNBEKANNTER DICHTER

Der Herbstwind reißt die Blätter von den Bäumen,
Sie wirbeln durch die kalte Luft zur Erde;
Ich sehe ihnen ohne Mitleid zu
Mit starren Augen.

Mein Herz war einsam, da sie kamen. Einsam
Seh ich sie wandern. Trauer füllt mein Herz,
So wie die Täler sich mit Schatten füllen
Beim Nahn des Abends.

Die winterlichen Stürme werden bald
Das Wasser wandeln zu Kristall. Jedoch,
Sobald der Lenz kommt, springen alle Bäche
In neuer Wonne!

Sobald der Lenz kommt, will ich auf die Gipfel
Der Berge steigen! Sonne, liebe Sonne,
Erbarme dich, laß meines Herzens Trauer
Dann endlich schmelzen.

DER WUNSCH DES LIEBHABERS

HUNG-SO-FAN

Süßes Mondlicht auf den Pflaumenbäumen
In der lauen Nacht, schenk meinem Mädchen
Holde Liebesträume in den Schlaf;
Mach, daß sie von mir träumt, daß von heißer
Sehnsucht sie nach mir ergriffen wird,
Daß sie mich von ferne sieht und lauten
Herzens auf mich zueilt, mich zu küssen!
Doch sie wird mich nicht erreichen können,
Immer ferner werd ich ihr entschwinden,
Und so wird sie weinen, und noch wildre,
Heißre Sehnsucht wird ihr Herz durchziehn.

Morgen in der Frühe aber wird sie
Schnell wie eine Hindin zu mir eilen,
Daß sie mich leibhaftig in die Arme
Nehmen kann. Ich werd es an dem Feuer
Ihrer Küsse wohl erkennen können,
Ob du ihr die Träume, die ich wünsche,
Wirklich in den Schlaf geschüttet hast, –
Süßes Mondlicht auf den Pflaumenbäumen!

ABENDSONNE

SANG-SLI-PO

Wo das Reisfeld abgeerntet wurde,
Sitzt mein Liebster auf dem Ackerrain.
Weiße Blumen blühen um ihn her,
Aber überm Dorfe steht die rote,
Purpurrote Glut der Abendsonne.
Neben meinem Liebsten sitz ich selber,
Lehne meinen Arm auf seine Schulter,
Und wir blicken aufwärts in den Himmel,
Wo der Drachen meines Liebsten steht.

Und indes die purpurrote Sonne
Hinter unserm Dorfe niedersteigt,
Singen wir, zwei jugendlich Verliebte,
Kleine Lieder, die von Glück erzählen,
Singen mit emporgewandten Augen,
Singen unsre Liebe in den Abend,
Wo der Drachen meines Liebsten steht.

DER GOLDFASAN

SANG-SLI-PO

Mit Surren flog der Goldfasan
Dicht vor mir aus dem Reisfeld auf, –
Ich fuhr erschreckt zusammen.

Es war zur Zeit der Mittagsglut,
Im Schatten des Aglajabaums
Streckt ich mich müde nieder.

Ich schloß die Augen, und ich schlief
Und träumte von dem Paradies
Und hatte keine Sorgen.

Oho! Da flog ein Goldfasan
Dicht vor mir aus dem Reisfeld auf, –
Und fort war alles Träumen.

Es gibt ein Vieh, das hasse ich,
Der Vogel nennt sich Goldfasan,
Ist hämisch von Charakter.

Jetzt lauf ich wütend in die Stadt,
Will Bogen mir und Pfeil erstehn
Und Goldfasanen schießen!

HERBSTGEFÜHL

LO-TSCHAN-NAI

Die Laute herab von der Wand!
Deine und meine Schmerzen will ich singen,
Verblutender Herbst im Land.

Ihr schwarzen Schwäne im Dunkelblau
Segelt wie meine schwarzen Gedanken
Langsam und müde über die schlummernde Au.

Du stolzer Aglajabaum am Rain!
Wo sind nun deine Blätter? Deine Äste
Ragen wie eine schwarze Harfe im Abendschein.

Der Wind streicht durch dich hin. Ein Brausen und
                                        Klirren
Schwimmt in der Luft. O Jammer dieser Erde!
Böse Gesichte wollen mein Herz verwirren.

Dort liegt mein Teich, er ist grau und leblos und kahl;
Ich will zu ihm niedersteigen; an seinem Rande
Will ich mich lagern, und meine dumpfe Qual

Will ich hinaussingen in das vergehende Rot
Des kühlen Abends. In mir und um mich her
Wittert die Sehnsucht nach dem holden Erlöser Tod.

ALTE WEISHEIT

LO-TSCHAN-NAI

Des Menschen Leben dauert kurze Zeit.
Die Bäume leben lang, die Elefanten
Und Papageien, aber Menschen welken
Sehr schnell dahin, – es ist ein schwacher Stamm.

Drum nützt die Frist, und jammert nicht und lebt!
Kränzt euch das Haupt mit bunten Chrysanthemen,
Nehmt junge Mädchen um die Brust und lacht,
Und grübelt nicht über das Dasein nach!
Grübeln macht traurig, und ihr werdets nie
Und nie ergründen, – warum also denken?

Lacht, tanzt und trinkt dem alten Monde zu,
Und schnell ins Grab – so ists das allerbeste!

DIE DREI PRINZESSINNEN

LA-KSU-FENG

Drei Prinzessinnen im Lande Sym
Standen an dem weißen Rand des Meeres,
Sahen aus nach einem flinken Fahrzeug,
Das sie in die Ferne führen sollte,
Zu den Ufern, wo die Freiheit wohnt.

Drei Prinzessinnen im Lande Sym
Hoben ihre Hände zu den Göttern
Und erbaten die Erfüllung ihrer
Sehnsucht, – aber keine Götter hörten
Auf das heiße, angsterfüllte Flehn.

Drei Prinzessinnen im Lande Sym
Klagten durch die Tage, durch die Nächte,
Aber niemand hörte ihren Jammer;
Ihre Schönheit welkte wie die Blumen,
Ihre Stimme losch als wie ein Licht.

Drei Prinzessinnen im Lande Sym
Hocken alt und grau am Rand des Meeres,
Ihre Lippen reden irre Worte,
Ihre Hände spielen mit dem Sande,
Und sie streun ihn in die Haare, glaubend,
Daß es sommerliche Blumen sind . . .

DER UNWÜRDIGE

LA-KSU-FENG

Schön ist die Linie deiner Augenbrauen,
Wie Porzellan sind deine Handgelenke,
Und deine Wangen sind wie Pfirsiche.

Du wandelst wie ein Reh mit scheuen Füßen;
Und bringst du deinen Ahnen Totenopfer,
So scheinst du groß wie eine Priesterin.

Du bist die schönste Frau am Gelben Flusse
Und rein wie Neuschnee. Keine böse Zunge
Wagt deines Herzens Reinheit anzutasten.

Ich bin nicht würdig, deines Herzens Neigung
Je zu besitzen. Ich bin schlecht und niedrig,
Doch du bist einer Göttin strahlend Kind.

Gewähre mir, daß ich von ferne stehe,
Ich will ein Lied auf meiner Laute suchen,
Das meine Lust und Qual dir künden soll.

AM TEEFELD

SCHEI-MIN

Ich seh am Horizont die Silhouette
Des Eukalyptusbaumes. Vor mir in
Dem Teefeld ist das Lärmen junger Vögel.

Ich halt ein Teeblatt zwischen meinen Lippen
Und denk an dich, die mir das Herz beschwert.
Wo bist du nun? Da ich zuletzt dich sah,
Trugest du Reis auf deinen schmalen Schultern
Der Hütte deiner Eltern zu; es war
Ein allzu heißer Tag, wie dieser ist,
Und deine Wangen waren weiß wie Jade,
Und unter einem Eukalyptusbaum
Ruhtest du aus. Ich schritt verzagt vorüber,
Mein Herz schlug laut, da ich so hold dich sah.

Wo bist du nun? Du weißt nicht, daß ich lebe.
Du sahst mich nie. In deinem goldnen Herzen
Ruht eines andern vielgeliebtes Bild,
An das du denkst mit Sehnsucht und mit Tränen.

Ich seh am Horizont die Silhouette
Des Eukalyptusbaumes.

Sie macht mich traurig, daß ich sterben möchte.

LIEBESLIED

SCHEI-MIN

So hold sind deine Hände, daß
Die Blume Lan aus deinen Händen
Erblühen sollte. Also würde
Die Blume Lan am schönsten sein.

So zart sind deine Füße wie
Der feine Schmelz der Schmetterlinge;
Sie hinterlassen keine Spuren,
Sie sind wie dünne Wolken.

So hold ist deine Stimme wie
Das Lied der Ammer an dem Bache,
Wenn sich die Weiden neu begrünen;
Du flüsterst, wie die Blätter tun.

Schön sind die Aprikosenbäume
Im Schmucke ihrer lichten Blüten,
Doch du blühst herrlicher, Geliebte,
Im schwarzen Schmucke deines Haars.

Du bist die Blume aller Blumen,
Und sehe ich dich nur von ferne,

So hör ich keine Ammer singen,
Ich sehe keine Schmetterlinge,
Ich neide keine Götter!

DIE TRENNUNG

MA-HUANG-TSCHUNG

Der Tag bricht an. So muß ich denn hinweg,
Geliebte Freundin, die mein alles ist.
Laß mich noch einmal deine kleine Lampe
Aus Jade heben, daß ich deine Augen
Und deines Haares Schönheit ganz erkenne,
Noch einmal, Süße, reiche mir den Mund, –
Dann will ich gehn. Ich höre schon das Gong
Des Wächters, der zur ersten Arbeit ruft,
Und durch den Vorhang dringt das Licht der Frühe.

Lebwohl, Geliebte! Gerne will ich an
Die Arbeit wandern. Alle Arbeit führt
Dem Abend zu; der Abend aber leitet
In deine Arme, die den ganzen Tag
Mir winken sollen als der schönste Lohn,
Der jemals einem Liebenden geworden.

Lebwohl! Lebwohl! Nun schwing ich mich hinaus.
Sieh, wie der Tau auf allen Beeten funkelt!
Die Amsel singt ihr erstes Lied im Baum.

Lebwohl! Bis an den Abend lebe wohl!

IM FRÜHLING

MA-HUANG-TSCHUNG

Der Bach, an dem ich liege, murmelt leis;
Wie Goldstaub flirrt die Sonne auf dem Schilf
Der Wasserlilien, das im Lufthauch sich
Mit Flüstern neigt, als atme es im Traum.

Ich seh dem langen Zug der Kraniche
Am Himmel zu. Ihr lärmendes Geschrei
Dringt wie Trompetenstöße durch die Luft,
Die schon nach Frühling duftet. Mir ist bang.
Schon wieder Frühling? Was hab ich gewonnen
In dem vergangnen Jahr? Was ward aus mir?
Arbeit und Sorge und ein wenig Liebe, –
Immer das gleiche. Wenn in vielen Jahren
Ich wiederum den Zug der Kraniche
Verfolgen werde, was wird dann aus mir
Geworden sein? Was hab ich dann gewonnen?

Arbeit und Sorge und ein wenig Liebe,
Immer das gleiche, bis das dunkle Grab
Uns einhüllt und die Blumen aus uns sprießen.

DER VERSCHMÄHTE

MA-HUANG-TSCHUNG

Von Birnbaumblüten einen Kranz
Legt ich der Herrlichen vors Fenster
In einer Mondnacht im April.

Ich sang ein Lied von großer Sehnsucht
Zur selben Nacht auf meiner Laute
Vor ihrem Haus mit süßem Klang.

Am andern Tage trug die Schöne
An ihrem Busen rote Nelken,
Die wuchsen auf des Nachbars Beet.

Ich habe mich in meine Wohnung
Verkrochen, und ich weinte lange,
Warum hat sie mich so betrübt!

Ich fluche allen Nelkenblüten,
Ich liege schlaflos in den Nächten, –
Zerschellt hab ich mein Saitenspiel.

BEKRÄNZTER KAHN

TUNG-LIU-FAN

Auf blauen Wogen ein bekränzter Kahn.

An Bord erschallt Gesang. Die schönsten Mädchen,
Mit weißen Gliedern und mit dunkeln Haaren,
Liegen auf seidenen Kissen in dem Kahn
Und stehn am Mast und halten sich umschlungen
Und singen wunderbar, von Tod und Liebe.
Und selig treibt das Schiff den Fluß hinab
Durch Sonnenlicht und blaue Vollmondnächte,
Treibt immer weiter, und die Mädchen singen
Von Tod und Liebe; und die Lotosblumen
Vernehmen den Gesang und staunen auf,
Und in den Bäumen lauschen bunte Vögel,
Und ihre Blicke füllen sich mit Trauer,
Und Trauer ist im Winde, der die Mädchen
Berührt und ihres Haares Duft durchstreift,
Und Trauer funkelt in dem Licht der Sterne.

Die Mädchen singen, ihre Augen leuchten,
Als sähen sie den Himmel offen; Lächeln
Schwebt um die Lippen, und sie treiben weiter,
Und singend werden sie hinuntergleiten
Ins grüne Meer. Dort werden sie versinken.

Mit weißen Gliedern und mit dunkeln Haaren,
Und noch im Tode wird von ihren Lippen
Gesang ertönen, angefüllt mit Liebe ...

Und keine Klage wird dem Mund entfliehn.

DER DEMÜTIGE

TSCHEN-HAI

Du mit den feingeschminkten Wangen
Und den getuschten Augenbrauen,
Denk ich an dich, so ist die Ruhe
Aus meines Herzens Kammern fort.

In meinem Zimmer steht ein Kästchen
Aus schwarzem Lack, – wie viele Küsse
Hat in sein seelenloses Dunkel
Mein heißer Mund hineingehaucht!

Denn dieses Kästchen haben deine
Hände berührt. An einem Lenztag
Hab ichs in deines Vaters Laden
Gekauft; du reichtest es mir dar.

Wohl weiß ich, ich bin häßlich. Würde
Ich meine Liebe dir gestehen,
Du würdest meiner Kühnheit lachen, –
O hätte ich dich nie gesehn!

Ein Lufthauch möcht ich sein. So dürft ich
Um deine Schönheit schweben, ohne
Daß du mich kennst. Wie weich und schmeichelnd
Und wie voll Demut wollt ich sein!

TRAURIGE FRÜHLINGSNACHT

LI-SONG-FLU

Geschrei der silbernen Fasanen
Klang melancholisch durch die Nacht,
Ich spielte dir auf meiner Flöte
Ein Lied, das auch nicht fröhlich war.

In dumpfer Trauer lag die Erde,
Wir wußten keinen Grund zu nennen,
Daß unsre Augen überflossen, –
Das Leben war wie Blei in uns.

Uns war so bange wie den Blumen,
Du ließest deine Hände hängen,
Du sahst mich an und sprachest müde:
„Sei still, es wird vorübergehn."

GELEITWORT
ANMERKUNGEN
ANORDNUNG

ANHANG

GELEITWORT

AUF dieser chinesischen Flöte vernimmt man
die frohen und schwermütigen Weisen der gro-
ßen Dichter des Reiches der Mitte. Hier wurde
ein kleines, aber zutreffendes Bild von der chine-
sischen Lyrik entrollt, in einer Kette von Gedich-
ten, welche die Zeit vom zwölften Jahrhundert
vor Christi Geburt bis zu den heutigen Tagen
umschließt.

Als ich das erstemal lyrische Gedichte nach
dem Chinesischen zu Gesicht bekam, war ich ganz
bezaubert. Was für eine holde lyrische Kunst trat
mir da entgegen! Ich fühlte eine bang verschwe-
bende Zartheit lyrischen Klanges, ich blickte in
eine von Bildern ganz erfüllte Kunst der Worte,
die hinableuchtete in die Schwermut und die
Rätsel des Seins, ich fühlte ein feines lyrisches
Erzittern, eine quellende Symbolik, etwas Zar-
tes, Duftiges, Mondscheinhaftes, eine blumen-
hafte Grazie der Empfindung.

Die chinesische Lyrik ist ganz in die geistige
Bildung des Volkes aufgegangen, das sie hervor-
gebracht hat. Die Kenntnis der nationalen Dich-
tungen der Vergangenheit ist im chinesischen
Volke allgemein. Die Lieder des großen Li-Tai-

Po werden noch heute, mehr als tausend Jahre nach ihrem Entstehen, von allen Klassen der Bevölkerung gekannt und gesungen, man hört sie aus dem Munde der Zecher und der Verliebten, man hört sie an Abenden über die Felder klingen und in einsamen Stuben zur Laute. Die Kenntnis seiner großen Dichter ist diesem unkriegerischen, lyrisch so subtil empfindenden Volke ein Bedürfnis. Alle großen chinesischen Dichter waren Lyriker. Die andern dichterischen Gattungen, Erzählung und Drama, erscheinen dem Chinesen als künstlerische Formen zweiten Ranges.

Die historisch beglaubigten ersten Dokumente der chinesischen Dichtung liegen etwa dreitausend Jahre zurück. Diese Verskunst ist also, zugleich mit der indischen und hebräischen, die älteste, die wir kennen. Sie konnte sich im Volk so lebendig erhalten, da sich die Sprache des Landes im Laufe der Jahrtausende so gut wie nicht verändert hat. Auch wenn man die Kreise des Gefühls und der Anschauung der alten chinesischen Dichter mit denen der neuen vergleicht, wird man einen großen Unterschied kaum erkennen. Dieses Volk, durch Jahrtausende hindurch allen fremden Einflüssen durchaus unzugänglich, hat sich wie in seiner nationalen Art, so in seiner dichterischen Kultur sehr rein und ursprünglich erhalten. Selbst die lyrische Form war im Laufe der Entwickelung nur geringen Schwankungen unterworfen.

Die chinesische Prosodie ist höchst kompliziert. Aus den schwierigen malerischen Eigentümlichkeiten der chinesischen Schrift und den lautlichen der Sprache ergibt sich eine von malerischen und musikalischen Gesetzen in gleicher Weise diktierte Rhythmik, die mit der Rhythmik der europäischen Dichtung kaum noch etwas anderes gemeinsam hat als die äußerliche Beigabe des Reimes. Ein sehr weitgehender, subtil ausgebildeter und oft antithetischer Parallelismus, der sich nicht nur auf die Worte, Gedanken und sprachlichen Bilder, sondern bis in die feinen grammatikalen Bildungen hinein, ja bis in die Intimitäten der kunstvoll gefügten und ornamental so ausdrucksvollen Schriftzeichen erstreckt, ist mit dem Begriff chinesischer Dichtung eng verknüpft. Diese Dichtung wendet sich an Ohr und Auge in gleicher Weise. Sie will nach uralten, festen musikalischen Gesetzen gesungen und will auch gelesen sein. Wenn man außerdem bedenkt, daß diese Poesie von einer Prägnanz des Ausdrucks ist, die nur jenes asiatische Idiom und kein anderes herleiht und die in einer europäischen Sprache nicht wiedergegeben werden kann, so wird man erkennen, ein wie wahnwitziges Unterfangen es eigentlich ist, die chinesische Lyrik dem europäischen Ohr – denn das Auge kommt bei uns hier nicht in Betracht – zu übermitteln, und wieviel Glanz und Schönheit auf diesem Wege notwendigerweise verloren gehen muß. Wenn es an und für sich im Grunde schon unmöglich scheint, den Duft lyrischer Versgebilde in fremde Sprachen zu übertragen, so können Übersetzungen aus dem Chinesischen notgedrungen nur einen dumpfen Abglanz geben von der Schönheit ihres ursprünglichen Wesens. Wie köstlich freilich ist dieser Abglanz noch! Nach ihm mag man ermessen, welchen lyrischen Zauber die Originale umschließen.

Die klassische Zeit der chinesischen Dichtung, die nach der damals herrschenden Dynastie genannte Thang-Periode umfaßt das siebente bis neunte Jahrhundert nach Christi Geburt. Ihr Höhepunkt liegt im achten Jahrhundert. Anfang dieses Jahrhunderts nämlich, Anno 702, wurde Li-Tai-Po geboren, die strahlendste Blüte der chinesischen Verskunst überhaupt. Li-Tai-Po war eine Natur, die auf Freiheit und Unruhe gestellt war, er war ein Abenteurer und Trinker. Er lebte eine Zeitlang am Hofe des Kaisers Ming-Hoang-Ti, der ihn mit hoher Liebe und Verehrung auszeichnete. Dann zog es ihn wieder in die Ferne; er vagabundierte durch das Land, trank und trug seine Lieder zur Laute vor, und die Launen seines Übermuts wechselten mit den Stimmungen tiefster Melancholie, die seines Wesens Urgrund war. Er starb im Alter von 61 Jahren, und zwar soll er betrunken in ein Wasser geglitten sein. Aber das Volk, das ihm einen Tempel errichtete und ihn als eine Art Halbgott verehrt, hat eine Mythe um seinen Tod gebildet: Als Li-Tai-Po auf einem Schiff beim Weine saß, soll plötzlich eine überirdische Musik erschollen sein; eine Schar Delphine soll sich aus dem Meer erhoben haben, und zugleich sollen zwei himmlische Geister vor Li-Tai-Po erschienen sein und ihn eingeladen haben, mitzukommen in die ewigen Gefilde. Auf dem Rücken eines der Delphine, heißt es, ist Li-Tai-Po davongeschwommen, geführt von den beiden himmlischen Geistern, und die überirdische Musik hat ihn begleitet, bis er fern am Horizont in dem goldenen Äther verschwand.

Li-Tai-Po kommt niemand gleich, auch Thu-Fu nicht, der bedeutendste seiner Zeitgenossen.

Er war zwölf Jahre jünger als Li-Tai-Po und mit diesem befreundet. Auch er führte ein unruhiges Leben, nicht aus Neigung, sondern gezwungen durch die Verhältnisse seiner Zeit. Auch er stand zu dem Hofe in nahen Beziehungen, wurde dann verbannt und schrieb aus der ungeliebten Fremde, gleich Li-Tai-Po, Gedichte voll Sehnsucht nach der Heimat, in der zu sterben ihm nicht vergönnt war. Er erreichte ein Alter von 59 Jahren.

Li-Tai-Po ist die genialere Natur von den beiden. Er dichtete die verschwebende, verwehende, unaussprechliche Schönheit der Welt, den ewigen Schmerz und die ewige Trauer und das Rätselhafte alles Seienden. In seiner Brust wurzelte die ganze dumpfe Melancholie der Welt, und auch in Augenblicken höchster Lust kann er sich von den Schatten der Erde nicht lösen. "Vergänglichkeit" heißt das immer mahnende Siegel seines Fühlens. Er trinkt, um seine Schwermut zu betäuben, aber in Wirklichkeit treibt er nur in neue Schwermut hinein. Er trinkt und greift voll Sehnsucht nach den Sternen. Seine Kunst ist irdisch und überirdisch zugleich. Mächtige Symbole gehen in ihm um. Bei ihm spürt man mystisches Wehen aus Wolkenfernen, der Schmerz des Kosmos webt in ihm. In ihm hämmert das unbegriffene Schicksal der Welt.

Thu-Fu ist nicht so brausend, er ist eher sentimental, und sein Herz ist mehr bewegt von den zeitlichen Geschicken der Erde als von den Rätseln des Seins. Er hat ein sehr fein entwickeltes Naturgefühl, gleich Li-Tai-Po. Ein intimer Verkehr mit den Reizen der Natur ist für die chinesische Dichtung überhaupt charakteristisch. Der chinesische Lyriker ist ganz verwachsen mit der Landschaft, und ihr gewinnt er viele seiner geliebten Symbole ab. Die Liebe zur Natur erscheint ebenso stark entwickelt wie die Liebe zur Heimat und wie die Furcht vor der Fremde.

In dem letzten Jahrtausend hat die Dichtung der Chinesen vieles Schöne hervorgebracht, aber eine Blüte wie im achten Jahrhundert hat sie nicht wieder erreicht. Eine Höhe ist in der Zeit des fünfzehnten bis siebzehnten Jahrhunderts zu verzeichnen, allerdings berührte sie vor allem die Prosaerzählung, wenn auch die Lyrik nicht ohne Widerschein blieb. In neuerer Zeit nahm die Dichtung der bezopften Nation mehr und mehr einen gelehrten Charakter an. Daß freilich auch heute noch sehr Reizvolles in China gedichtet wird, zeigt dieses Buch. Das edle lyrische Feuer in diesem großen Volke kann nicht erlöschen, wenn es auch zeitweise stiller brennt. Man möchte hoffen, daß die Zeit nicht ferne sei, in der es wieder ähnlich auflodert wie damals, als Li-Tai-Po unruhig durch die Lande zog. Aber diese Hoffnung wird nicht erfüllt werden. China wird, das ist sein unabwendbares Schicksal, immer mehr den Einflüssen Europas unterliegen und wird hierbei das Beste und Schönste seiner Eigenart notwendigerweise preisgeben. Es wird ihm ähnlich ergehen, wie es Japan ergangen ist, das sich die Errungenschaften der europäischen Wissenschaft und Technik zu eigen gemacht hat, aber auf Kosten seiner künstlerischen Kultur, die sich heute in so schlimmer Dekadenz befindet. Auch China wird ein modernes Reich werden. Es wird sich die Vorteile der europäischen Zivilisation aneignen, aber den holden Blütenstaub seiner alten und großen Kultur, auch der dichterischen, wird es hierbei verlieren. Mir scheint, das ist kein guter Tausch.

*

Es sei bemerkt, daß die Nachdichtungen dieses Buches auf die Prosatexte der folgenden Werke zurückgehen: Hans Heilmann, *Chinesische Lyrik*, Verlag R. Piper und Co, München, o.J.; Judith Gautier, *Le Livre de Jade*, bei Felix Juven, Paris, o.J.; Marquis d'Hervey-Saint-Denys, *Poésies de l'époque des Thang*, Paris 1862. Für die Dichter des neunzehnten Jahrhunderts habe ich englische Prosaquellen benutzt.

HANS BETHGE
(1907)

ANMERKUNGEN

Seite 3. Das Schi-King ist das älteste beglaubigte Literaturdenkmal der Chinesen. Es ist eine Sammlung von Poesien, die aus dem 12. – 7. Jahrhundert vor Christi Geburt stammen und deren Autoren zumeist unbekannt geblieben sind. Konfuzius hat das Schi-King nicht lange vor seinem Tode zusammengestellt, und diese alten Dichtungen, die sich wohl in der Form, aber im Gefühl so gut wie gar nicht von den chinesischen Gedichten späterer Perioden und der neuen Zeit unterscheiden, haben sich im Volke bis zum heutigen Tag lebendig erhalten. Dieses uralte, ehrwürdige Schi-King ist noch heute das populäre Liederbuch der Chinesen.

Seite 12. Von der Blume Lan sprechen die chinesischen Dichter gern. Es ist eine Orchideenart.

Seite 18. Mong-Kao-Jen war mit dem Verfasser des folgenden Gedichtes, Wang-Wei, innig befreundet. Der von Mong-Kao-Jen erwartete Freund ist Wang-Wei. Dieser wieder hat sein Gedicht "Der Abschied des Freundes" an Mong-Kao-Jen gerichtet.

Seite 70. Ly-Y-Han ist die berühmteste unter den chinesischen Dichterinnen, deren es nicht viele gibt.

Sie singt immer nur von Liebe, mit wilder, qualvoller Leidenschaft. Sie verzweifelt in der Einsamkeit, hingenommen von Liebe zu einem Manne, der sie verschmäht, vielleicht nicht einmal kennt.

Seite 73. Der Roman Yü-Chiao-Li (Die beiden Cousinen) gehört zu den Familienromanen, deren im 15. Jahrhundert in China viele gedichtet wurden. Sein Verfasser ist nicht bekannt. Unser Gedicht stammt aus einer der lyrischen Partien, die in den Roman hineingestreut sind.

ANORDNUNG

CHRONOLOGISCH

AUS DEM SCHI-KING (12. – 7. Jahrhundert vor Chr.)
Vereinsamt 3
Rache 5
Des Mädchens Klage 6

KHONG-FU-TSE (KONFUZIUS) (551 – 478 vor Chr.)
Das Los des Menschen 8

WU-TY, Kaiser (regierte 186 – 140 vor Chr.)
Herbst 9

MEI-SCHENG (gest. 140 vor Chr.)
Die Gattin 11

EIN FAHRENDER (3. Jahrhundert nach Chr.)
Die Herrliche 12

UNBEKANNTER DICHTER
Der Gatte rüstet sich zum Kampf 14

WANG-SENG-YU (6. Jahrhundert nach Chr)
Die Einsame 15

SAO-HAN (8. Jahrhundert nach Chr.)
Ein junger Dichter denkt an die Geliebte 16
Die Ratte 17

MONG-KAO-JEN (8. Jahrhundert)
    In Erwartung des Freundes 18

WANG-WEI (8. Jahrhundert)
    Der Abschied des Freundes 19

WANG-TSCHANG-LING (8. Jahrhundert)
    Die jungen Mädchen von einst 20

LI-TAI-PO (702 – 763)
    Das Trinklied vom Jammer der Erde 21
    Der Pavillon aus Porzellan 23
    Der Tanz der Götter 25
    Am Ufer 26
    Der Trinker im Frühling 28
    Die rote Rose 30
    Die Treppe im Mondlicht 31
    Liebestrunken 32
    Die Lotosblumen 33
    Lied auf dem Flusse 34
    Die geheimnisvolle Flöte 35
    In der Fremde 36
    Der Fischer im Frühling 37
    Die drei Kameraden 38
    Die ewigen Lettern 39

THU-FU (714 – 774)
    Der Verbannte 40
    An Li-Tai-Po 42
    Das verbrannte Haus 43

Der Kaiser 45
Auf dem Flusse 47
Das Flötenlied des Herbstes 48
Der Frühlingsregen 49
Die Dichter 50
Die Freundin des Feldherrn 51

TSUI-TSONG-TSCHE (8. Jahrhundert)
Der Trank der Götter 53

PE-KHIÜ-Y (771 – 846)
Die Fremde 54

UNBEKANNTER DICHTER
Der Hund des Siegers 55

WAN-WI
Trinken, um zu vergessen 56

UNBEKANNTE DICHTERIN
Die verstoßene Freundin des Kaisers 57

UNBEKANNTER DICHTER
Liebesgeschenke 58

TSCHANG-TSI (um 800)
Die Einsame im Herbst 59
Die treue Gemahlin 60
Das weiße Blatt Papier 62

116

THU-SIN-YU (9. Jahrhundert)
Hofdamen 63

Aus der Sammlung THANG-SCHI-YIE-TSAI
Mondnacht 64

LI-OEY
Worte des Abschieds 65
Mondnacht auf dem Meer 66

SU-TONG-PO (1036 – 1101)
Fern der Heimat 67
Der Landmann im Winter 68
Der Dichter auf dem nebligen Gebirg 69

LY-Y-HAN, Dichterin (12. Jahrhundert)
Die wilden Schwäne 70
Verzweiflung 71

Aus dem Roman YÜ-CHIAO-LI (15. Jahrhundert)
Der Blütengarten 73

TSCHAN-TIU-LIN
Das Blatt der Frühlingsweide 74
Die verlorenen Perlen 75

YAN-TSEN-TSAI (1716 – 1797)
Die unwillige Freundin 76

WAN-TSI

    Das Blatt auf dem Wasser 77

    Die Undankbare 78

TSCHAN-JO-SU (19. Jahrhundert)

    Abend auf dem Fluß 79

    Die Frau vor dem Spiegel 80

    Nächtliches Bild 81

    Mond und Menschen 82

    Vom Frühling unberührt 83

UNBEKANNTER DICHTER

    Das traurige Herz 84

HUNG-SO-FAN (1812 – 1861)

    Der Wunsch des Liebhabers 85

SANG-SLI-PO (1821 - 1870)

    Abendsonne 86

    Der Goldfasan 87

LO-TSCHAN-NAI (1834 – 1867)

    Herbstgefühl 88

    Alte Weisheit 89

LA-KSU-FENG (geb. 1852)

    Die drei Prinzessinnen 90

    Der Unwürdige 91

118

SCHEI-MIN (1858 – 1901)
    Am Teefeld 92
    Liebeslied 93

MA-HUANG-TSCHUNG (geb. 1861)
    Die Trennung 95
    Im Frühling 96
    Der Verschmähte 97

TUNG-LIU-FAN (geb. 1863)
    Bekränzter Kahn 98

TSCHEN-HAI (1865 – 1903)
    Der Demütige 100

LI-SONG-FLU (geb. 1870)
    Traurige Frühlingsnacht 101

GELEITWORT 102
ANMERKUNGEN 112
ANORDNUNG 114

ANHANG:
ÜBER HANS BETHGE II
NACHWORT ZUR NEUAUSGABE VI
ANMERKUNG ZUR 20. AUFLAGE VIII
VERZEICHNIS DER ABBILDUNGEN ... IX

ANHANG

Die Einsame im Herbst

Nach dem Chinesischen des Tschang – Tsi

von Hans Bethge

Herbstnebel wallen bläulich überm See,
Vom Reif bezogen stehen alle Gräser;
Man meint, ein Künstler habe Staub von Jade
Über die feinen Halme ausgestreut.

Der süße Duft der Blumen ist verflogen,
Ein kalter Wind beugt ihre Stengel nieder;
Bald werden die verwelkten goldnen Blätter
Der Lotosblüten auf dem Wasser ziehn.

Mein Herz ist müde. Meine kleine Lampe
Erlosch mit Knistern, an den Schlaf gemahnend.
Ich komm zu dir, traute Ruhestätte, —
Ja, gib mir Schlaf, ich hab Erquickung not!

Ich weine viel in meinen Einsamkeiten,
Der Herbst in meinem Herzen währt zu lange;
Sonne der Liebe, willst du nie mehr scheinen,
Um meine bittern Tränen aufzutrocknen?

I. Über Hans Bethge

Hans Bethge wurde am 9. Januar 1876 in Dessau (Anhalt) geboren. Der Sohn aus einer Landwirtsfamilie studierte neuere Sprachen und Philosophie in Halle, Erlangen und Genf. Nach der Promotion arbeitete er knapp zwei Jahre in Spanien als Lehrer. 1901 ließ er sich als freier Schriftsteller in Berlin nieder. Ab 1898 veröffentlichte er mehrere Gedichtbände – empfindsame und stimmungsvolle Liebes- und Naturlyrik. Es folgten Ausgaben von Tagebüchern, Novellen und Erzählungen, Essays und Dramen. Nähere Einzelheiten enthält die aktualisierte und erweiterte Biographie des Neffen Hans Bethges, Eberhard Gilbert Bethge, die im Oktober 2002 in diesem Verlag wieder aufgelegt wurde.

Hans Bethge war ein Mensch der Freundschaften und offen für alles Schöne. Viele Literaten und Künstler seiner Zeit zählten zu seinen Freunden. Der Jugendstilmaler Heinrich Vogeler und andere Künstler des Worpsweder Kreises gehörten dazu. Vogeler hat drei Bücher Hans Bethges mit Buchschmuck versehen. Der Maler und Bildhauer Wilhelm Lehmbruck hat ihn mehrfach porträtiert.

1906 gab Hans Bethge die Anthologie „Deutsche Lyrik seit Liliencron" heraus, die zahlreiche Auflagen erlebte. Hans Bethge setzte sich nicht nur für die Werke zeitgenössischer Schriftsteller- und Dichterkollegen ein. Mit der „Chinesischen Flöte" begann er 1907 die Reihe seiner Nachdichtungen

II

HANS BETHGE, 1876 - 1946
Porträt von Wilhelm Lehmbruck (1916)

orientalischer Lyrik. Wie Goethe, Rückert, Hermann Hesse und Richard Wilhelm gehört Hans Bethge zu denjenigen, die dem deutschsprachigen Kulturkreis die Schätze der orientalischen Dichtkunst und Weisheit vermittelt haben. Bethge konnte kein Chinesisch, kein Arabisch und kein Persisch und keine andere orientalische Sprache. Und doch hat er, ein Reisender in Tat und Geist, den Gehalt der östlichen Dichter wie kaum ein anderer erfaßt und in Ton, Klang und rhythmischer Musikalität zum Ausdruck gebracht. Die Resonanz auf seine Nachdichtungen war außerordentlich. „Die Chinesische Flöte" und auch die späteren Nachdichtungen japanischer, indischer, persischer, türkischer, armenischer und arabischer Lyrik wurden bis in die achtziger Jahre immer wieder aufgelegt. Als eigenständige Neuschöpfung wurde „Die Chinesische Flöte" ins Holländische und Dänische übersetzt. Gustav Mahler bewegte das darin enthaltene Gedicht Li-Tai-Pos „Vom Jammer der Erde" so sehr, daß er es mit sechs weiteren Gedichten aus dem Band zur Grundlage seines „Lied von der Erde" machte. Viele andere Komponisten wie Schönberg, von Webern, Richard Strauß, Eisler, Szymanowski haben die Nachdichtungen Hans Bethges vertont. Im einzelnen gibt es über einhundertachtzig Nachweise.

1943 flüchtete Hans Bethge vor den Bomben und Luftschutzkellern ins Schwäbische, nach Kirchheim unter Teck, wohin ihn ein naher Freund eingeladen

IV

hatte. Von langer Krankheit erschöpft, starb er in Göppingen am 1. Februar 1946. Sein Grab befindet sich in Kirchheim unter Teck. Dort werden in einer ständigen Ausstellung im Max-Eyth-Haus Hans Bethges Bücher, Fotos und andere Lebenszeugnisse gezeigt. Das deutsche Literaturarchiv in Marbach pflegt seinen literarischen Nachlaß.

Mit Beginn der 'revolutionären sechziger Jahre' des zwanzigsten Jahrhunderts wurde die innerliche, leise Stimme der Poesie von politischen Parolen und 'gesellschaftlich relevanten Texten' übertönt. Dem hundertsten Geburtstag Hans Bethges 1976 schenkten die deutschen Medien nur wenig Aufmerksamkeit. Hervorzuheben ist eine Gedenksendung des Schweizer Rundfunks, in der Bernhard Minetti die Gedichte Hans Bethges rezitierte. Noch immer wird Hans Bethge der Vorwurf gemacht, daß er seine Nachdichtungen nicht aus den Originalsprachen übersetzt, sondern an Hand englischer oder französischer Vorlagen verfaßt hat. Hans Bethges „Nachdichtungen" sind jedoch weit mehr als bloße Übertragungen fremdsprachlicher Texte. Seine Verse sind kongeniale poetische Anverwandlungen und eigenständige Neuschöpfungen.

Im Jubiläumsjahr 2001 will der YinYang Media Verlag allen Interessierten Gelegenheit geben, sich ein eigenes Bild von der Qualität der Bethgeschen Nachdichtungen zu machen. Diese Neuauflage ist zugleich eine Einladung, die Schönheit der orientalischen Lyrik wieder oder neu zu entdecken.

II. Nachwort zur Neuherausgabe der Nachdichtungen Hans Bethges

Im August 1977 entdeckte ich im Wühltisch eines Frankfurter Buchantiquariats ein kleines Bändchen, gebunden in verschlissener roter Seide. Einen solchen Einband hatte ich noch nie gesehen. Ich schlug das Büchelchen auf: Ein Inselband in Doppelblockbindung aus den zwanziger Jahren zum Preis von zehn Mark. Es war Hans Bethges: „Hafis. Die Lieder und Gesänge des Hafis", Nachdichtungen persischer Lyrik. Ob mir Hafis und Hans Bethge (über Mahlers „Lied von der Erde") damals schon ein Begriff waren, weiß ich nicht mehr. Aber mich entzückte die seltene Mischung aus liebestrunkenen Versen, tiefer Frömmigkeit und frechen Seitenhieben auf die "überfrommen Pfaffen", die vom Leben keine Ahnung haben.

Ich erstand das Bändchen und trug es wie einen Schatz glücklich nach Hause. In den späteren Jahren stöberte ich weitere drei Exemplare der schönen alten Inselbändchen mit Hans Bethges Nachdichtungen orientalischer Lyrik auf. Ich erkannte sie am gleichen Format, auch wenn sie nicht mehr seidengebunden, sondern mit einem schmuckverzierten Pappdeckel versehen waren. Darunter befand sich auch die hier wieder aufgelegte „Chinesische Flöte". Immer wieder überraschten mich in den alten Bänden die taufrische Sprache, die Lebendigkeit des Gefühls und die Offenheit und Weite des Denkens der ausgewählten Dichter.

Es war mir darum eine große Freude und Ehre, als die Erbengemeinschaft Hans Bethges, vertreten durch Eberhard Gilbert Bethge, im Dezember 2000 bei mir anfragte, ob ich die Nachdichtungen Hans Bethges in meinem noch jungen Verlag wieder herausbringen wollte. Ich habe mit Freuden zugesagt.

Mit der Wiederveröffentlichung der Nachdichtungen orientalischer Lyrik Hans Bethges, noch dazu in seinem Jubiläumsjahr, dem 125. Geburtstag und 55. Todestag, möchte ich allen Gedichteliebhabern und Lesern orientalischer Literatur diese kongenialen Übertragungen wieder zugänglich machen. Sie sind für uns Abendländer wunderbar geeignet, den inneren Zugang zu anders denkenden und fühlenden Kulturen zu finden. Ebenso ist es mir ein Anliegen, den aus den orientalischen Regionen zugezogenen Mitbürgern und ihren Kindern die Schätze ihrer Dichtkunst und Kultur auch in der neuen Sprache zu erhalten.

Und mehr noch: In Hans Bethges schlicht gehaltener, fein durchrhythmisierter Sprache, im liedhaften Ton seiner Gedichte werden alle Begrenzungen von Orient und Okzident aufgehoben – seine Gedichte vereinen vollendete Form mit einer inneren Tiefe, die direkt zum Herzen der Leser spricht.

III. Anmerkung und Danksagungen zur 20. Auflage der „Chinesischen Flöte"

Die vorliegende 20. Auflage hält sich in Anordnung und Layout des Buchblocks so weit wie möglich an die Gestaltung der Erstausgabe von 1907. Die Seitenzählung der Gedichte konnte durchgehalten werden. Lediglich beim Nachwort Hans Bethges, das unverändert aufgenommen wurde, ergaben sich kleinere Verschiebungen, bedingt durch die gewählte Computerschrift. Es gibt zwar eine Fülle von Computerschrifttypen, aber gerade beim Nachdruck älterer Bücher gelingt meist nur eine Annäherung, wenn man nicht zum Mittel der fotografischen bzw. eingescannten Seitenabbildung greifen will. Erst durch den Besuch im Offenbacher Klingspor-Museum fand ich mit der Adobe Caslon Classic/Regular eine annähernd gleiche Computertype, in der nicht nur der vorliegende Band, sondern alle Nachdichtungen Hans Bethges gesetzt werden sollen. Herzlichen Dank an dieser Stelle an Frau Weiß, die unermüdlich Schriftbestimmungsbücher und alte Bethgeausgaben herbeischleppte und sie drei Stunden lang mit mir durchsah. Ebenso herzlich danke ich Herrn Dr. Meyer und Frau Bruchhardt vom Deutschen Literaturarchiv in Marbach am Neckar, das den Nachlaß Hans Bethges hütet. Ohne ihre gründliche Vorbereitung auf meinen kurzen Besuch an einem Nachmittag im Mai, ohne die unbürokratische

VIII

Mißachtung der erlaubten Anzahl von Fotokopien hätte ich kaum das umfangreiche Material sichten und die Kopien für Faksimiles für diesen und die nachfolgenden Bände heraussuchen können.

Sehr herzlichen Dank auch an Herrn Eberhard Gilbert Bethge, der mir zusätzlich Materialien und Photos aus dem Familienarchiv zur Verfügung stellte.

Einen mir fraglichen Punkt konnte ich leider nicht klären, weil das Gedicht: „Die Freundin des Feldherrn" (Seite 51/52) handschriftlich nicht vorlag. Die früheren Auflagen enthalten meiner Ansicht nach einen grammatikalischen Druckfehler im letzten Vers, nämlich „Du mein Freund" statt „Dir mein Freund", wie ich ihn in der jetzigen Auflage abgeändert habe:

Und ich flog mit Windeseile,
Ja, ich bin so schnell geflogen,
Daß die Eile deines Rosses
Im Vergleich zu meinem Fluge

Wie das Schleichen einer Schnecke,
Du mein Freund, erschienen wäre!"
Lächelnd sagte sie's und schmiegte
Sich erschöpft an seine Brust.

Hans Bethges Nachwort von 1907 ist noch ganz vom Zeitgeist des Fin de Siècle geprägt, in dem er unbefangen von Volk, Nationalität und Dekadenz philosophiert. Bethges Prognosen zur Entwicklung des chinesischen Volkes und seiner Literatur sind nur in diesem Zusammenhang zu verstehen. Sein Nachwort sollte als eigenständiges Zeitdokument in einer Neuauflage aber nicht unterschlagen werden. Entscheidend sind Hans Bethges Liebe und Hochschätzung der Gedichte der chinesischen Kultur und der Kulturen der orientalischen Völker überhaupt.

Regina Berlinghof
im Juni 2001

IV. Verzeichnis der Abbildungen

vor dem Textteil:

1. Titelblatt der Erstausgabe von 1907,
   Zeichnung von E. R. Weiss
   (mit freundlicher Genehmigung des Insel-
   Verlages, Frankfurt)

2. Manuskript Hans Bethges:
   Li Tai Po: Der Trinker im Frühling
   (abgedruckt S. 28)

nach dem Textteil:

3. Manuskript Hans Bethges:
   Tschang Tsi: Die Einsame im Herbst
   (abgedruckt S. 59)

4. Hans Bethge, Zeichnung von
   Wilhelm Lehmbruck (1916)

auf dem Umschlag:

5. Ausschnitt: Chinesische Flötenspielerin
   Topkapi Saray Museum, Istanbul

6. Foto Hans Bethges, Aufnahme von 1913

WEITERE TITEL DES VERLAGES:

Hans Bethges Nachdichtungen orientalischer Lyrik,
zwölf Einzelbände, kt. jeweils Euro 12,50.

> *Die chinesische Flöte*, Nachdichtungen chinesischer
> Lyrik, 150 S., ISBN 978-3-9806799-5-4

> *Pfirsichblüten aus China*, Nachdichtungen chinesischer
> Lyrik, 136 S., ISBN 978-3-935727-06-8

> *Japanischer Frühling*, Nachdichtungen japanischer Lyrik,
> 139 S., ISBN 978-3-935727-00-6

> *Die indische Harfe*, Nachdichtungen indischer Lyrik,
> 155 S., ISBN 978-3-9806799-8-5

> *Der asiatische Liebestempel*, Die Liebeslieder asiatischer
> Völker in Nachdichtungen, 123 S.,
> ISBN 978-3-935727-04-4

> *Der persische Rosengarten*, Nachdichtungen persischer
> Lyrik, 125 S., ISBN 978-3-935727-07-5

> *Hafis* – Die Lieder und Gesänge des Hafis in Nach-
> dichtungen, 148 S., ISBN 978-3-935727-03-7

> *Omar Khayyam*, Nachdichtungen der Ruba'yat in
> Auswahl, 148 S., ISBN 978-3-935727-01-3

> *Sa'di der Weise*, Die Lieder und Sprüche des persischen
> Weisen, 136 S., ISBN 978-3-9806799-6-1

> *Die armenische Nachtigall*, Nachdichtungen der Lieder
> des Nahabet Kutschak und anderer armenischer
> Dichter, 136 S. ISBN 978-3-935727-02-0

Das türkische Liederbuch, Nachdichtungen türkischer
Lyrik, 146 S., ISBN 978-3-9806799-7-8

Arabische Nächte, Nachdichtungen arabischer Lyrik,
143 S., ISBN 978-3-935727-05-1

Eberhard Gilbert Bethge
　　Hans Bethge. Biographie. , 3. erw. und aktualis. Aufl.,
　　zahlr. Fotos, Bibliographien, enthält „In Memoriam,,
　　von Ernst Rathenau und H. Bethges „Selbstporträt,,,
　　177 S., kt., EUR 12,90
　　ISBN 978-3-9806799-9-2,

Hell ein Vogelruf ertönt. Altchinesische Volkslyrik
　　(Guofeng). Aus dem Chinesischen neu überttragen
　　von Hans-Günter Wagner, 216 Seiten, kt.,
　　ISBN 978-3-935727-12-9, Euro 14,00

Hafis
　　Der Diwan,
　　Reprint der ersten deutschen Gesamtübersetzung
　　von 1812/1813. Diese Ausgabe inspirierte Goethe zu
　　seinem „Westöstlichen Divan,,.
　　Zwei Bände, 525/585 Seiten, kt.,
　　zusammen Euro 46,00, ISBN 978-3-9806799-3-0
　　Einzeln jeweils Euro 24,90:
　　Band 1: ISBN 978-3-9806799-1-6
　　Band 2: ISBN 978-3-9806799-2-3

WEITERE TITEL DES VERLAGES:

Mirabai

>*Liebesnärrin.* Die Verse der indischen Dichterin und
>Mystikerin. Deutsche Erstausgabe, 266 S., kt.
>ISBN 978-3-935727-09-9, Euro 14,00

Kabir

>*Kabir fand sich im Gesang.* Die Verse des indischen
>Bhakti-Dichters und Mystikers. 154 S., kt.
>ISBN 978-3-935727-11-2, Euro 12,50

*Das Hohelied − Der Gesang der Gesänge − The Song of Songs −
Schir ha-Schirim*

>Dreisprachige Ausgabe: Hebräisch, Deutsch (Luther
>1545 und Buber/Rosenzweig 1968), Englisch (King
>James Version von 1611), 166 S.,
>ISBN 978-3-935727-10-5, Euro 12,50

Regina Berlinghof

>*Wüste, Liebe und Computer*, Erzählungen,
>3. Aufl. 2006, 255 S., Euro 14,00,
>ISBN 978-3-9806799-0-9

>*Schrödingers Katharina oder Liebe am anderen Ende der
>Welt*, Roman, 2003, 260 S., Euro 14,00
>ISBN 978-3-935727-08-2

>*Mirjam. Maria Magdalena und Jesus. Roman*
>3. Aufl. 2004, 612 S. kt., Euro 9,80,
>ISBN 978-3-935727-14-3 und im
>Verlag Dietmar Klotz, ISBN 978-3-88074-466-0

edition Märchen:

Uta Franck

Der Prinz im Schaffell, Märchen für Kinder und
Erwachsene. Mit Illustrationen von Claus Nothdurft,
143 S., Euro 12,50,
ISBN 978-3-9806799-4-7